INHALT

7	**Vorwort**
11	**Der Herr Jesus**
11	Gibt es Gott?
14	Komm, Herr Jesus
16	Wie stellen Sie sich Gott vor?
19	Gott ist da
21	Nicht erschrecken!
24	Verantwortung
26	Das Gerede der Leute
28	Tod und Teufel
30	Segenszeichen
32	Ganz unten
35	Interessant
39	**Dr. Martin**
39	Thesen
42	Gespräch
44	Martinstag
46	Entscheidungshilfe
48	Übersetzen und verstehen
51	Kurz und knapp
53	Merk-würdig
55	Bibelkritik
57	Bibelglaube?
59	Selber denken!
62	Musik
64	Mitten im Alltag
66	Rat geben

- 69 Beten?
- 71 Die Kraft der Bilder
- 73 Das Apfelbäumchen
- 75 Luther und die Juden
- 78 Luther und die Nazis
- 80 Bettler

83 ... und ich
- 83 Herausforderung
- 85 Ablästern
- 87 Schlechte Laune
- 90 Viel zu tun
- 92 Warum lügen Menschen?
- 95 Schuld
- 97 Nicht kleinlich
- 99 Mensch bleiben
- 102 Liebenswert
- 105 Zuversicht
- 107 Vergnügt
- 109 Gönnen Sie sich was
- 111 Sich bekreuzigen
- 113 Standpunkte
- 115 Preissteigerungen
- 117 Glaube und Toleranz
- 119 Zinsen
- 121 Krieg
- 124 Wochenende
- 127 Gottesdienst
- 129 Ostern
- 132 Alles Heilige
- 135 Jeden Morgen

138 Anmerkungen

Der Herr Jesus, Dr. Martin und ich

LUCIE PANZER

Wie ich Martin Luther verstehe

Der Herr Jesus, Dr. Martin und ich

Edition Evangelisches Gemeindeblatt

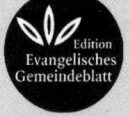

Für Fabian, Marius, Antonia und Clemens

VORWORT

Solange ich denken kann, war mir der Glaube etwas sehr Alltägliches. Obwohl, angefangen hat es genau genommen am Sonntag. Da hatten meine Eltern Zeit und es wurde vor dem Mittagessen gebetet: »Komm Herr Jesus, sei Du unser Gast, und segne, was Du uns bescheret hast.« Mir kam das damals gar nicht merkwürdig vor, dass man ihn nie zu sehen gekriegt hat, den Herrn Jesus. Kinder haben mit unsichtbaren Freunden keine großen Schwierigkeiten, die gehören zu ihrer Vorstellungswelt.

Der Herr Jesus hatte uns also irgendwie das gute Essen gegeben und würde es segnen (vgl. S. 14). Segnen habe ich damals natürlich noch nicht so richtig verstanden. Aber es klang gut, so, als ob es noch besser werden würde. Er war wahrscheinlich der, der dafür sorgen würde, dass man »groß und stark« wird vom Mittagessen. So habe ich mir sein Wirken jedenfalls vorgestellt. Und so falsch kommt mir das auch heute noch nicht vor: Segnen heißt doch, dass Gott dafür sorgt, dass etwas Gutes aus dem wird, was geschieht. Damals habe ich gemeint, dafür sei der Herr Jesus zuständig. Und ich fand das nett von ihm.

Und abends hat meine Mutter mit uns Kindern gebetet: »Vater, lass die Augen dein über meinem Bette sein.« Das fand ich sehr beruhigend. Im Dunkeln hatte ich immer ein bisschen Angst, und dass Gott über mich wacht, sogar wenn es ganz dunkel war und die Eltern weit weg im Wohnzimmer: das hat mir geholfen, einzuschlafen.

So habe ich angefangen zu glauben, oder, wie ich eigentlich lieber sage: auf Gott zu vertrauen. Ich finde bis heute: Mit dem Beten fängt das Glauben an. Und wer seinen Kindern helfen möchte, auf Gott zu vertrauen und zuversichtlich zu leben, der sollte mit ihnen beten.

Ähnlich beiläufig habe ich später den Dr. Martin kennen gelernt. In der Kirche in meinem Heimatort gab es ein rundes Medaillon in einem der Kirchenfenster. Wenn Kinderkirche war, konnte man die in Ruhe betrachten. Das Medaillon zeigte einen kräftigen Mann im Talar, wie ihn unser Pastor hatte. Und auf der einen Seite stand: »Dr. Martin«. Dass der Nachname »Luther«, der auf der anderen Seite des Porträts stand, dazugehörte, das habe ich erst später wahrgenommen. Zunächst war der Mann auf dem Bild für mich Dr. Martin – so wie Dr. Jürgens, der Arzt in unserem Ort.

Später habe ich mehr in Erfahrung gebracht über Jesus und auch über Martin Luther. Aber die vertrauten Namen aus meiner Kindheit, die sind mir geblieben. Ein bisschen ironisch manchmal, meistens ziemlich respektvoll habe ich sie weiter benutzt – jedenfalls für mich persönlich und den Alltagsgebrauch. Manche Kollegen wundern sich, wenn ich noch heute manchmal vom »Herrn Jesus« rede und was der denn wohl dazu meint. Deshalb sind mir »der Herr Jesus« und »Dr. Martin« sofort eingefallen, als ich angefangen habe, über dieses Büchlein zum Reformationsjubiläum nachzudenken.

In einem gehören die beiden für mich nämlich bis heute ganz eng zusammen. Sie haben den Glauben in den Alltag hineingeholt, für die einfachen Leute. Jesus hat mit den Menschen vor ihren Häusern gesprochen, mit den

Fischern am See, mit den Kaufleuten und den Hausfrauen. Denen hat er gesagt: »Das Reich Gottes ist mitten unter euch,« wenn ihr euch an dem orientiert, was ich sage. Und Luther hat die Bibel übersetzt für »die Mutter im Hause, die Kinder auf der Gasse, den einfachen Mann auf dem Markt«. Denen wollte er auf das Maul sehen, damit sie verstehen, was die Bibel von Jesus Christus erzählt. Für Jesus und für Luther war das Gottvertrauen keine Spezialistensache für besonders dafür talentierte Menschen. Die Bibel war deshalb für Luther auch »nicht Lesewort, ... sondern Lebewort ..., nicht zum Spekulieren und Grübeln, sondern zum Leben und Tun« (vgl S. 9).

Das leuchtet mir ein bis heute. Und es tut mir gut, mich an diesem »Lebewort« zu orientieren. Auch für die Fragen meines Lebens finde ich darin immer wieder Anregungen und Anstöße. Ich empfinde das manchmal als so eine Art Lebensgemeinschaft: »Der Herr Jesus, Dr. Martin und ich«. Davon handelt dieses Buch.

Stuttgart, im September 2014

DER HERR JESUS

Gibt es Gott?

Über Gott kann man stundenlang diskutieren. Gibt es ihn oder nicht? Gibt es Beweise für seine Existenz? Manche sagen: Dass die Natur wohl geordnet ist, dass nach dem Winter wieder alles von Neuem blüht und grünt, dass Kinder geboren werden, das ist doch ein Beweis für Gottes Existenz. Andere fragen: Und was ist mit denen, die verhungern und verdursten, was ist mit den Kindern, die krank auf die Welt kommen, mit denen, um die sich niemand kümmert? Das alles zeigt doch, dass es keinen Gott gibt, der es gut meint mit der Welt und den Menschen. Und wenn es einen gibt, der so viel Schreckliches zulässt – dann ist er jedenfalls nicht barmherzig. Dann will ich nicht an ihn glauben.

Wir Christen glauben: Gott hat sich gezeigt. Nicht in den Wunderwerken der Natur, auch nicht in den schrecklichen Unglücken, die manche für eine Strafe halten. Gott hat sich in einem Menschen gezeigt. In Jesus Christus. In ihm ist Gott zur Welt gekommen. Damit Menschen sich ein Bild von ihm machen können.

Ich halte mich deshalb an Jesus Christus. Durch ihn hat Gott gezeigt hat, wie er ist und was er gut und richtig findet. Ich glaube, dass Gott sich in diesem Jesus Christus, in einem Juden aus einem Provinznest in Palästina, in einem, der nicht viel geworden ist in seinem Leben, einem, der am Schluss der Gewalt zum Opfer fiel – ich glaube, dass Gott sich gerade und ausgerechnet in diesem Menschen gezeigt hat.

Und für mich heißt das: Nicht nur, wo es schön, festlich, feierlich, gut und heil ist – nicht nur da ist Gott. Auch wo es gar nicht gut läuft, auch da, wo alles schiefgegangen ist, auch da, wo ich ganz unten bin statt möglichst weit oben – auch da kann ich mit Gott rechnen. Mit diesem Jesus hat sich Gott zu denen gestellt, denen es schlecht geht. Auch wenn sie sich manchmal ganz schön allein fühlen – von Gott verlassen sind sie nicht.

Martin Luther hat als Zusammenfassung des christlichen Glaubensbekenntnisses formuliert:

> »Wir könnten, wie oben erklärt, nimmermehr
> dazu kommen, des Vaters Huld und Gnade
> zu erkennen, ohne durch den Herrn Christus.
> Er ist ein Spiegel des väterlichen Herzens;
> ohne ihn würden wir nichts als einen zornigen
> und schrecklichen Richter sehen.«[1]

Zur Zeit Jesu dachten die Menschen, Gott sei nur bei denen, die alles richtig machen und denen es gut geht. Und die anderen, die haben es nicht verdient, dass Gott sich um sie kümmert. Oder sie erleben die gerechte Strafe Gottes für ihre Verfehlungen. Ich glaube, dass heute noch viele Leute so denken – ich manchmal auch.

Durch Jesus aber hat sich Gott zu denen gestellt, denen es schlecht geht, und zu denen, die Fehler gemacht haben. Jesus hat gezeigt: Von Gott verlassen sind sie nicht. Mit Jesus stand Gott auch nicht auf der Seite der Rechthaber, die immer alles richtig machen. Er stand und er steht aber bei denen, die die Kraft finden, neu anzufangen.

Auch das ist kein Beweis für Gottes Existenz, ich weiß. Aber meine Erfahrung ist: Wenn ich mich darauf einlasse und versuche, mich darauf zu verlassen, dann kann der Glaube wachsen.

Komm, Herr Jesus

Den Herrn Jesus habe ich beim Tischgebet kennengelernt. Bei meinen Eltern wurde am Sonntag vor dem Mittagessen gebetet: »Komm, Herr Jesus, sei Du unser Gast, und segne, was du uns bescheret hast.« So richtig verstanden habe ich das natürlich nicht. Aber es klang gut: Der Herr Jesus hatte uns irgendwie das gute Essen gegeben und würde es segnen. Segnen klang auch gut, so, als ob es noch besser werden würde. Er war wahrscheinlich der, der dafür sorgen würde, dass man »groß und stark« wird vom Mittagessen. So habe ich mir sein Wirken jedenfalls vorgestellt. Und so falsch kommt mir das auch heute noch nicht vor: Segnen heißt doch, dass Gott dafür sorgt, dass etwas Gutes aus dem wird, was geschieht.

Damals habe ich gemeint, dafür sei der Herr Jesus zuständig. Und ich fand das nett von ihm.

In der Kinderkirche bin ich dem Herrn Jesus wieder begegnet. »Liebster Jesus, wir sind hier, dich und dein Wort anzuhören ...« haben wir immer zu Beginn gesungen. Zuerst habe ich wohl gemeint, der Herr Jesus, das sei der Pastor (so hat man bei uns im Weserbergland gesagt), der vorne am Altar stand und uns freundlich angelächelt hat, wenn wir das gesungen haben. Mit der Zeit habe ich dann begriffen, dass der Herr Jesus der war, von dem in der Kinderkirche erzählt wurde. Bilder von ihm waren an vielen Stellen zu sehen. Die auf den Kirchenfenstern haben mir besonders gefallen. Die konnte man anschauen, wenn es langweilig wurde im Kindergottesdienst. »Herr Jesus« hielt ich dann für eine höfliche Anrede, so wie Herr Meier oder Herr Pastor. Dass der Herr Jesus gestorben und auferstanden war und jetzt irgendwie unsichtbar auf mich schaute, das fand ich nicht weiter verwunderlich.

Jahre später im Konfirmandenunterricht habe ich dann die Erklärung Martin Luthers zum zweiten Artikel des Glaubensbekenntnisses gelernt:

> *»Ich glaube, dass Jesus Christus, wahrhaftiger Gott, vom Vater in Ewigkeit geboren, und auch wahrhaftiger Mensch, von der Jungfrau Maria geboren, sei mein Herr ...«*[2]

Das fand ich dann richtig gut, obwohl ich auch da natürlich nicht alles wirklich verstanden habe. Aber dass ich einen Herrn habe, der nach den Geschichten, die von ihm erzählt wurden, doch ganz okay schien, das fand ich prima. Gerade in der Konfirmandenzeit. Jesus ist mein Herr, nicht der Pastor, nicht meine Eltern, nicht die Lehrer – das klang irgendwie befreiend. Und als ich – wohl auch im Konfirmandenunterricht – die Frage Martin Niemöllers kennenlernte: »Was würde Jesus dazu sagen?«, da war der Herr Jesus mein Freiheitsheld. »Was würde Jesus dazu sagen?«, mit dieser Frage konnte man die Erwachsenen in der Regel sprachlos machen, wenn man Einwände gegen ihre Regeln und Maßstäbe hatte.

Deshalb ist »der Herr Jesus« für mich bis heute eine liebevolle Redeweise, die ich ab und zu verwende, wenn ich mich an die Anfänge und Grundlagen meines Glaubens erinnern will. Natürlich weiß ich inzwischen, dass »Herr« nicht Höflichkeit ist, sondern eine uralte Anrede für Gott. Aber das trifft es ja auch irgendwie. Und mir ist der Herr Jesus einfach ans Herz gewachsen.

Wie stellen Sie sich Gott vor?

Wie stellen Sie sich Gott vor? Mal abgesehen von allen religiösen Bildern, die Sie kennen. Wenn Sie selbst einen erfinden dürften: Wie würde Gott dann aussehen? Vielleicht wie der mächtige, muskulöse, weißhaarige Mann, den Michelangelo in der Sixtinischen Kapelle gemalt hat? Oder vielleicht wie die Professorin Minerva McGonagall aus Harry Potter: streng, aber gütig, und immer schützt sie die Guten und bringt alles zu einem guten Ende? So hätte ich ihn auch gern, den lieben Gott.

Aber das Kreuz in jeder Kirche erinnert uns Christen an das Leiden und Sterben Jesu, und erinnert uns damit: Gott ist anders. Das unterscheidet unser christliches Gottesbild von den Bildern, die sich andere von Gott machen. Unser Gott ist wie dieser Jesus, den sie damals verhaftet, gefoltert und hingerichtet haben. An ihm kann man erkennen, wie Gott ist.

»In Christus, dem Gekreuzigten,
ist wahre Theologie
und Erkenntnis Gottes«[3],

so hat Martin Luther das in einer Diskussion an der Universität Heidelberg gesagt.

Wie Jesus gelebt hat, wie er geredet und gehandelt hat – daran kann man sehen, wie Gottes Liebe ist. Jesus war für die Chancenlosen da, für Menschen, die sich sagen mussten: Ich bin ein Versager, anscheinend habe ich es nicht besser verdient. Denen hat Jesus gezeigt: Doch, du verdienst es besser. Auf deiner Seite steht Gott. Wie es dir geht, das ist vielleicht von Menschen gemacht. Aber es soll anders sein. Es kann anders sein. Gott will, dass es anders wird – auch für dich. Denn Gott ist die Liebe, die Liebe besonders auch zu den Wehrlosen und Schwachen. Luther hat in dieser Diskussion damals in Heidelberg übrigens auch darauf hingewiesen, dass das Konsequenzen hat für die Art, wie wirkliche Liebe ist – auch unter Menschen:

> »Solcher Art ist die Liebe, geboren aus dem Kreuz, dass sie sich nicht dorthin wendet, wo sie das Gute findet, um es zu genießen, sondern dorthin, wo sie das Gute den Armen und Bedürftigen austeilen kann.«

Aber – auch das sieht man an Jesus: Die Liebe ist wehrlos. Auch Gottes Liebe ist wehrlos. Sie setzt darauf, dass Menschen ihr Herz öffnen, nicht darauf, dass sich mit Macht und Gewalt durchsetzt, was gut ist.

Gott ist die Liebe. Und die Liebe hat keine Waffen. Nur sich selbst. Kein Wunder vielleicht, dass die Leute davon nichts wissen wollten, als Jesus vor ihnen stand. »Bist Du denn Gottes Sohn?« (Lk 22,70), haben sie ihn gefragt. Und als er geantwortet hat: »Ja, das bin ich«, da waren sie entsetzt. Womöglich haben sie das biologisch verstanden – dann könnte man verstehen, wenn sie ihn für einen Verrückten gehalten hätten. Ich glaube aber, sie haben ihn ganz richtig verstanden: Wer mich sieht, der sieht Gott. Er hat mich geschickt, damit ihr seht: So, wie ich bin, so ist Gott. So, wie ich liebe, so liebt Gott seine Menschen.

Das wollten die Menschen damals nicht hören. Sie hatten ein anderes Bild von Gott. Das Bild eines allmächtigen Gottes. Etwas anderes konnten sie sich nicht vorstellen. Deshalb haben sie Jesus hinrichten lassen. Sie wollten zeigen, dass das gar nicht sein kann. Dass Gott so nicht sein kann. Einer, der so elend stirbt!

Aber wir Christen glauben: Jesus ist auferstanden. Gottes Liebe war stärker. Das ändert alles, finde ich. Auch meine Vorstellung von Gott.

Gott ist da

Pilgern ist wieder in Mode, auch Meditation und spirituelle Übungen. Menschen, die sich besonders gestresst fühlen, nehmen eine Auszeit und gehen ins Kloster. Dort hoffen sie, wieder zu sich selber zu finden. Sie suchen, was wirklich wichtig ist. Was dem Leben Sinn gibt. Wofür es sich zu leben lohnt. Manche sagen, sie hoffen Gott zu finden. In der Stille möchten sie Gott näherkommen, oder beim gleichmäßigen Rhythmus der Schritte.

Zu Luthers Zeiten gab es auch Wallfahrten. Manche gingen für ihr ganzes Leben ins Kloster. Manche hofften, mit Spenden und Stiftungen und guten Werken sich Gott zum Freund zu machen. Aber Luthers Beobachtung war: Die meisten fanden keinen Halt durch diese religiösen Übungen. Vor allem den einfachen Leuten schien Gott ganz fern und ihr Leben ein einziger Fehlschlag.

Denen, die so denken, hat Luther immer wieder klarzumachen versucht: Gott ist doch schon da! Er ist zur Welt gekommen, damit ihr spüren könnt: Es ist ihm nicht egal, wie es euch geht. Er will euch beistehen, will euch zeigen, wie gutes Leben gehen kann.

Damit die Menschen sich das einprägen können, hat er sein Weihnachtslied »Vom Himmel hoch«[4] gedichtet. In dem heißt es von dem Kind in der Krippe:

> »Es ist der Herr Christ, unser Gott.«

Gott selbst ist zur Welt gekommen. Bei ganz einfachen Menschen. Seine Eltern hatten ›keinen Raum in der Herberge‹, als sie dem Befehl ihres Kaisers folgen mussten. Und die Hirten in der Nachbarschaft, auch arme Leute, waren die Ersten, die davon erfahren haben. So erzählt es die Bibel. Da haben die Menschen begriffen: Gott ist auch für uns da. Wir sind ihm nicht zu schäbig, weder unsere Kleider, noch unser Verhalten. Denn sie mussten ja sehen, wie sie durchkamen. Da kann man nicht immer zimperlich sein. Da muss man sehen, wo man bleibt. Da kann man nicht auch noch nach den anderen schauen.

Dieser Jesus, der da zur Welt gekommen war, hat als Erwachsener den Menschen gezeigt, wie man gut miteinander leben kann. Er hat vorgelebt, wie einer den anderen stützen kann. Wie das, was da ist, für alle reicht, wenn man es teilt. Jesus hat gezeigt, wie Leute wieder auf die Beine kommen, wenn man ihnen ihre Fehler nicht immer wieder vorhält. So wie Gott auch jedem eine neue Chance gibt, der nicht mehr weiterweiß oder nicht mehr weiterkann.

Gott ist da für mich. Ich brauche nicht zu versuchen, ihm näherzukommen. Er ist ja da.

Und die Pilger und die Einkehrtage? Ich finde, die sind eine gute Möglichkeit, das zu bedenken und zu begreifen. Vielleicht könnte ein Vers aus dem Weihnachtslied von Luther einen Anstoß geben. Zum Beispiel:

»Des lasst uns alle fröhlich sein und mit den Hirten gehn hinein, zu sehn, was Gott uns hat beschert, uns seinen lieben Sohn verehrt.«

Darüber lohnt es sich nachzudenken, finde ich. Gott ist Mensch geworden. Einer von uns. Wie könnte das mein Leben verändern? Das zu bedenken, in der Stille oder mit anderen zusammen beim Pilgern – das kann einem Halt geben, wenn man sich verloren fühlt.

Nicht erschrecken!

Nicht erschrecken! Das ist der Rat, den Jesus seinen Jüngern gegeben hat. »Erschreckt nicht! Sondern vertraut auf Gott und vertraut auf mich.« (Joh 14,1)

Nicht erschrecken! Das ist ein guter Rat, finde ich. Wenn eine neue Aufgabe vor einem steht, wenn ein neuer Lebensabschnitt beginnt, wenn die Kinder aus dem Haus gehen, wenn der Ruhestand beginnt, aber auch, wenn man die Nachrichten von den Krisen in der Welt hört. Dann kann man leicht erschrecken. Aber Angst ist ein schlechter Ratgeber. Nicht nur, dass man zu zittern anfängt, wenn man Angst hat, und wenn man zittert, dann wird man unsicher und macht leicht Fehler. Wenn man Angst vor der Zukunft hat, wird man auch egoistisch. Dann bringt man erst einmal die eigenen Schäfchen ins Trockene. Es ist nicht wahr, dass die Solidarität und die Nächstenliebe zunehmen, wenn die Zeiten schlechter werden. Wenn Leute Angst haben vor der Zukunft, dann sorgen sie zuerst und vor allem für die eigenen Bedürfnisse. Dadurch aber bleibt am Ende jeder für sich allein. Und dann kommt die Angst erst recht. Angst hat man, wenn niemand da ist, mit dem man zusammen der Zukunft entgegengehen kann.

Deshalb: Nicht erschrecken! Angst lässt die Probleme bloß größer erscheinen. Aber was kann man tun gegen die Angst? Vertrauen, rät Jesus seinen Jüngern. Vertrauen ist ein anderes Wort für Glauben. Da liegt der Ton nicht darauf, möglichst bedingungslos und vollständig zu glauben. Ich sage deshalb lieber Vertrauen.

Vertrauen auf Gott, also darauf, dass Gott es gut mit mir meint und mich nicht im Stich lässt. Ich glaube, Martin Luther hat das auch so gesehen. Er hat in seinem Kleinen Katechismus das erste Gebot »Ich bin der Herr, dein Gott, du sollst keine anderen Götter haben« so erklärt:

*»Wir sollen Gott über alle Dinge fürchten,
lieben und vertrauen.«*[5]

Für mich heißt das: Ehrfurcht vor Gott. Ihn achten wie einen Menschen, der es gut mit mir meint, und Gottvertrauen – das ist es, was mich zuversichtlich leben lässt.

Das heißt nicht: alles wird gut. Es wäre naiv, das zu meinen. Natürlich kann es Krisen geben in dem, was kommt. Natürlich kann es auch Niederlagen geben, und wahrscheinlich werde ich Dinge falsch machen, obwohl ich doch eigentlich gern alles richtig machen möchte. Aber Gott wird mich nicht fallen lassen. Vor ihm brauche ich mich nicht zu schämen, wenn etwas schiefgeht. Er wird mir helfen, wieder aufzustehen. Das hilft ein Stück weiter gegen die Angst, finde ich.

Deshalb: Nicht erschrecken, sondern auf Gott vertrauen. Und auf Jesus. Auf Jesus und auf seine Art, durchs Leben zu gehen, gerade in schwierigen Zeiten. Von Jesus kann man lernen, dass man nicht der oder die Größte und Beste sein muss, um ein erfülltes Leben zu haben. Worauf es wirklich ankommt, sind nicht die Erfolge, die man hat – sondern die Menschen, die mit einem leben. Die Menschen, die da sind, wenn ich Angst kriege und nicht weiterweiß. Die Menschen, für die ich vielleicht einen Rat habe, wenn sie es brauchen.

Wer sich auf Gott verlässt, muss nicht vor allem für sich selber sorgen. Wer sich auf Gott verlässt, kann auf andere zugehen und für sie da sein. So muss ich vor der Zukunft nicht erschrecken. Und die Angst wird kleiner.

Verantwortung

Wenn man Verantwortung hat, dann spürt man den Druck. In der Familie zum Beispiel. Da fühle ich mich verantwortlich für die Kinder, dafür, dass das Zusammenleben gelingt und alle sich wohlfühlen und gern beieinander sind. Oder im Beruf: Da gibt es ein Projekt, für das ich verantwortlich bin. Nun soll auch etwas Gutes daraus werden. Jetzt bloß keinen Fehler machen! Ich will doch nicht schuld daran sein, wenn etwas schiefgeht.

Manche geben den Druck dann weiter, an die Kinder oder an die Mitarbeiter. Dann wird das Zusammenleben und Zusammenarbeiten verkrampft und ohne Freude. Manche scheuen die Verantwortung. Sollen das mal andere machen, sagen sie, für mich ist das nichts. Und wieder anderen wird der Druck irgendwann zu viel, dann geht plötzlich gar nichts mehr. Burn-out sagen wir heute. Der Druck der Verantwortung belastet die Atmosphäre und kann einen krank machen.

Luthers Mitstreiter und Weggefährte Philipp Melanchthon hat sich auch verantwortlich gefühlt. Verantwortlich für den Fortgang und das Gelingen der Reformation der Kirche. Immerhin war er es, der 1530 auf dem Reichstag in Augsburg dem Kaiser die Bekenntnisschrift der Evangelischen, die Confessio Augustana, vorlegen musste. Er hatte sie auch in Absprache mit Luther formuliert. Wenn das nun schiefgehen würde – dann war die Sache der Reformation verloren. Dann würde alles wieder so werden, wie es vorher war. »Ich bin immerzu dem Weinen nah«, schrieb er in einem Brief an Luther. Der konnte auf dem Reichstag nicht dabei sein. Er musste ja befürchten, verhaftet, eingekerkert, womöglich hingerichtet zu werden. Da schrieb er einen Brief an Philipp Melanchthon:

> *»Soll's denn gelogen sein, dass Gott seinen Sohn für uns gegeben hat? ... Ist's aber wahr, was machen wir denn mit unseren leidigen Fürchten, Zagen und Trauern?«*[6]

Wie kann das einen trösten, der unter der Last seiner Verantwortung fast zusammenbricht?

Ich denke, Luther wollte seinen Freund an das Fundament christlichen Glaubens erinnern: Jesus Christus ist als Sünder und mit den Sündern hingerichtet worden. Für die Menschen, die ihn verurteilt hatten, war er einer, der schwere Schuld auf sich geladen hatte. Einer, der schlimme Fehler gemacht hatte. Aber Gott hat ihn auferweckt. Für Gott zählt nicht, was einer getan hat, angeblich oder wirklich. Auch nicht, was einer falsch gemacht hat. Für Gott zählt, dass auch jemand, der Fehler gemacht hat, sein Kind ist und bleibt. Damit Menschen das begreifen, ist er zur Welt gekommen. In Jesus Christus hat er gezeigt, wie Gott mit den Menschen umgeht, die Fehler gemacht und den Halt verloren haben. Jesus hat sie nicht verurteilt. Sondern respektvoll behandelt und aufgerichtet. So konnten sie neu anfangen. Deshalb braucht niemand Angst davor zu haben, Fehler zu machen. Nicht die Fehler rechnet Gott irgendwann zusammen – vor ihm zählt, dass ich sein Kind bin. Und was ich getan habe, um seine Liebe in der Welt sichtbar zu machen.

Ich glaube, das macht es einem leichter, Verantwortung zu übernehmen. So kann ich beherzt und ohne Angst vor Fehlern tun, was ich kann. Und hoffen, dass Gott seinen Segen dazugibt.

Das Gerede der Leute

Was werden da bloß die Leute sagen? Vieles tue ich nicht, weil ich Angst davor habe, was die Leute sagen: ich will ja nicht ins Gerede kommen. Man weiß ja, wie das geht: Wenn ein Gerücht erst mal in der Welt ist, dann machen die Leute aus einer Mücke einen Elefanten. Und am Ende traut man sich nirgends mehr hin, weil man ja nicht weiß, was die Leute über einen sagen.

Also tue ich lieber nichts, was irgendwie Anlass zu Gerede geben könnte. Ich nehme keine Putzfrau. Die Leute würden sagen, ich halte mich für zu fein für die Hausarbeit. Ich habe einen Vater reden hören, dessen Sohn zum Ballettunterricht geht. Schon seit Jahren. Sehr begabt ist der Junge und hat große Freude am Tanzen. Aber es hat lange gedauert, bis der Vater ihn hat gehen lassen: was würden die Leute sagen. Das war seine Sorge.

In der Bibel gibt es eine Geschichte, die zeigt, wie das ist. Jesus erzählt von seinen eigenen Erfahrungen. Da ist sein Cousin Johannes, Prediger in der Wüste am Jordan, in Scharen pilgern die Menschen dorthin, um ihn zu hören. Er lebt von dem, was die Wüste hergibt: Heuschrecken isst er und wilden Honig. Und die Neider und die, die ihn nicht hören wollen, sagen: »Er isst nicht und trinkt nicht. Er ist ja besessen.« Ganz schnell kann man einen fertigmachen mit solchem Gerede.

So geht das, erzählt Jesus. Und weist dann auf sich. Ich esse und trinke, lasse mich auch von solchen einladen, mit denen niemand etwas zu tun haben will. Und die Leute sagen: »Er ist ein Fresser und Weinsäufer. Ein Kumpan der Zöllner und Sünder ...«

Ganz schnell kann man jemanden fertigmachen mit solchem Gerede.

Gott sei Dank hat Jesus sich nicht gefragt: was werden die Leute sagen. Ihm war es wichtiger, zu denen zu gehen und mit denen zu reden, die seine Hilfe brauchten. Wenn er das nun gelassen hätte? Wenn er Angst gehabt hätte, ins Gerede zu kommen?

Ich glaube, vieles wäre einfacher, wenn wir überlegen würden: was ist eigentlich wichtig? Was hilft zum Leben? Das Gerede der Leute: das macht Leben höchstens kaputt.

Helfen würde übrigens, wenn Sie und ich das Gerede der Leute nicht weitertragen würden. Sondern im Gegenteil das Geschwätz unterbrechen. »Du sollst nicht falsch Zeugnis reden über deinen Nächsten«, heißt das 8. Gebot. Und Martin Luther hat dazu erklärt, die älteren haben es vielleicht noch auswendig lernen müssen:

> *»Wir sollen Gott fürchten und lieben,*
> *dass wir unseren Nächsten nicht belügen,*
> *verraten, verleumden oder seinen Ruf verderben,*
> *sondern: sollen ihn entschuldigen, Gutes*
> *von ihm reden und alles zum Besten kehren.«*[7]

Tod und Teufel

Wer glaubt denn schon an den Teufel? Mit den fantasievollen Bildern, die die Maler von ihm gemacht haben, ist er irgendwie ins Reich der Legenden und Fabeln gerückt. Der Gehörnte mit dem Pferdefuß – eine Art Märchengestalt, wie Drachen und Einhörner. Welcher aufgeklärte Mensch im 21. Jahrhundert könnte an so etwas glauben.

In der Bibel jedoch ist öfter vom Teufel die Rede und auch Jesus hat von ihm gesprochen. Allerdings glaube ich nicht, dass sich die Menschen damals einen bocksfüßigen Bösewicht vorgestellt haben, der nach Schwefel stinkt.

Der Teufel – das war auch damals schon der Name für jene unerklärliche Macht, die Menschen vom rechten Weg abbringt. Jene Macht, die wie ein Sog ist und der man sich nur schwer entziehen kann. Wenn einer sich nichts mehr zutraut, wenn jemand sich deshalb auf Machenschaften und Methoden einlässt, die eigentlich bloß Unheil anrichten, dann sah man den Teufel am Werk. Martin Luther hat deswegen den Teufel einen »Vater der traurigen Sorgen und des unruhigen Umtreibens« genannt.

Von Jesus wird erzählt, dass er sich am Anfang seines Weges Sorgen gemacht hat, wie er denn nun Gehör finden sollte bei den Menschen. Da hat ihm der Teufel eingeflüstert, was er tun könnte. Er könnte die Menschen bestechen, indem er ihnen Brot gibt. Er könnte sie beeindrucken mit Wundertaten. Er könnte sie mit Gewalt unter Druck setzen. Aber, erzählt die Bibel dann: Jesus hat das durchschaut. Er hat begriffen, dass der Zweck nicht die Mittel heiligt. Dass nicht alles erlaubt ist, was Erfolg verspricht. Er hat sich nicht auf die teuflischen Einflüsterungen eingelassen. Er hat seinen Weg gefunden. Den Weg Gottes. (Mt 4,1–11)

Ich glaube, das kann man von Jesus lernen. Von ihm kann man lernen, worauf es ankommt. Nicht darauf, dass einen die Leute bewundern für das, was man kann und zustande bringt. Vielmehr kommt es darauf an, Gott zu lieben, hat Jesus gesagt. Ihm zu vertrauen, dass er seinen Kindern gutes Leben möglich machen will. Und daran mitzuwirken, dass das Leben gut werden kann. Nicht nur für mich. Aber auch für mich. Und für alle, die in meiner Nähe leben. Bei Jesus klingt das so: »Du sollst Gott lieben. Und deinen Nächsten wie dich selbst.«

Ich glaube, wo Menschen sich an diesen Rat halten – da hat der Teufel keine Chance.

Und selber kann man auch etwas tun, damit der Teufel kein Gehör findet mit seinen Einflüsterungen. Nicht, wenn er sagt: Du schaffst das nicht. Nicht, wenn er sagt: Das wird man dir ewig vorhalten. Auch nicht, wenn er sagt: Solche wie du können nicht auf Gott rechnen. Luther hat einen umwerfend einfachen Tipp für solche Situationen. Er hat in einem Brief geschrieben:

> »Aber der allerbeste Rat ist, wenn Ihr überhaupt nicht mit ihnen (den teuflischen Einflüsterungen) kämpfen möchtet, sondern könntet sie verachten und tun, als fühltet Ihr sie nicht und gedächtet immer an etwas anderes, und sprecht so zu ihnen: ›Wohlan, Teufel, lass mich unbehelligt, ich kann mich jetzt nicht um deine Gedanken kümmern, ich muss reiten, fahren, essen, trinken, das oder das tun, und weiter: Ich muss jetzt fröhlich sein, komm morgen wieder.‹«[8]

Segenszeichen

Das Kreuz: Für manche ist es ein Segenszeichen. Sie tragen es um den Hals, fast wie einen Glücksbringer. Andere mögen es nicht: Wie grausam ist das, sagen sie. Wie kann das ein Symbol sein für den Glauben an die Nächstenliebe! Und sie finden, es sei eine Zumutung, erst recht, wenn man den gekreuzigten Christus vor Augen haben muss.

Am Kreuz wurde Jesus hingerichtet. Ein Opfer von politischen und religiösen Machthabern, ohnmächtig dem Leiden ausgeliefert. So schrecklich geht es manchmal zu in der Welt, auch heute noch, und Menschen klagen und schreien wie er: »Warum, Gott, hast Du mich verlassen!«

Mehr als 500 Jahre vor jener Kreuzigung auf Golgatha hat der Gottesmann Jesaja von einem »Knecht Gottes« geschrieben. Und er hat sicher einen ganz anderen gemeint. Aber von Anfang an haben Christen gefunden: Genauso kann man diesen schrecklichen Tod von Jesus verstehen.

»Er trug unsere Krankheit«, schreibt Jesaja, »und lud auf sich unsere Schmerzen«. (Jes 53,4)

Sicher: Jesus damals hatte Schmerzen. Wie einen schwer Kranken sieht man ihn in vielen Kirchen an seinem Kreuz hängen. Aber wie könnte er meine Krankheiten tragen, die körperlichen oder die seelischen? Wie könnte einer meine Schmerzen tragen? Das möchte man wohl manchmal, wenn ein geliebter Mensch leiden muss. Aber es geht nicht. Die Schmerzen kann man niemandem abnehmen. Und auch nicht die verzweifelte Frage nach dem Warum.

Andererseits: Wir Christen glauben, dass durch Jesus Gott selbst in die Welt gekommen ist. Gott ist Mensch geworden und leidet da am Kreuz und schreit. Gott trägt das, was einem keiner abnehmen kann. Und merkwürdigerweise tröstet das viele, die krank sind und leiden. Denn wenn Gott da ist, wo gelitten wird und Menschen weinen und verzweifelt sind – dann muss sich keiner von Gott verlassen fühlen, dem es so geht. Jesus war ja auch nicht von Gott verlassen, obwohl er nichts mehr spüren konnte von seiner Nähe. Dass einer krank ist, dass er von allen im Stich gelassen wird, wie dieser Jesus – das ist nicht die Strafe Gottes. Auch für Jesus war es ja nicht Gottes Strafe, dass er hingerichtet wurde. Im Gegenteil: Gott hat ihn auferweckt. Gott kann das Leben neu machen. Auch für die, die ganz unten sind, denen man nichts mehr abnehmen kann. Die können Hoffnung haben: Gott ist und bleibt bei mir.

Das zeigt für viele der sterbende Jesus am Kreuz So gesehen, finde ich, ist das Kreuz dann gar nicht schrecklich, sondern ein Segenszeichen.

Martin Luther hat das anscheinend genauso gesehen: Am Karfreitag 1533 hat er gepredigt:

> *»Wir sollen solches Leiden nicht anders ansehen als eine ewige Hilfe ... Denn das alles ist geschehen, auf dass wir Frucht und Nutzen sollen davon haben und dass wir glauben, es sei uns zugute geschehen ... Wer das tut und vom Leiden Christi diesen Gebrauch macht, der ist ein Christ.«*[9]

Ganz unten

Oskar heißt der Held eines Buches, das ich schon ein paar Mal an Jugendliche verschenkt habe. Es behandelt ein Thema, um das Jugendliche normalerweise einen Bogen machen. Es handelt vom Sterben und wie der Glaube einem Menschen dabei helfen kann. Aber es ist gar nicht deprimierend. Im Gegenteil. Es wirkt befreiend, finde ich.

Das Buch heißt »Oskar und die Dame in Rosa« und ist von Eric-Emanuel Schmitt.

Oskar ist ein 10-jähriger Junge. Er liegt in der Klinik und hat Krebs. Er hat nur noch wenige Wochen zu leben. Aber alle tun so, als ob gar nichts wäre. Vor allem seine Eltern. Dabei wissen alle Bescheid, auch Oskar. Aber sie können nicht darüber reden. Nicht einmal seine Eltern können sich selbst und ihm die Wahrheit sagen. Und Oskar tut, als ob er von nichts wüsste, um sie nicht noch trauriger zu machen. Und bleibt deshalb allein mit seiner Angst.

Gott sei Dank gibt es da aber noch die Dame in Rosa. Eine Krankenschwester vielleicht, vielleicht auch ein Engel – das erfährt man bis zum Schluss nicht so richtig. Diese Dame in Rosa traut sich, mit Oskar über seine Situation zu reden, und Oskar lässt sich auf das ein, was sie sagt. Immerhin war sie früher Catcherin, hat sie ihm erzählt. Das imponiert Oskar.

Die Dame in Rosa ermutigt Oskar, Briefe an den lieben Gott zu schreiben. Ihm, sagt sie, kann er alles sagen, was ihn beschäftigt. Er hält das aus. Oskar fängt tatsächlich damit an. In einem der Briefe beschreibt er, wie die Dame in Rosa ihn mitgenommen hat in die Krankenhauskapelle.

»Ich habe natürlich einen Riesenschreck bekommen, ... als ich dich in diesem Zustand gesehen habe«, schreibt Oskar an den lieben Gott, »fast nackt, ganz mager an Deinem Kreuz, überall Wunden, die Stirn voller Blut durch die Dornen, und der Kopf, der dir nicht mal mehr gerade auf den Schultern saß. Das hat mich an mich selbst erinnert«, schreibt Oskar. »Ich war empört. Wäre ich der liebe Gott wie du, ich hätte mir das nicht gefallen lassen.«

»So einem werden sie doch nicht vertrauen?«, fragt Oskar deshalb die Dame in Rosa. Und die fragt zurück: »Warum nicht, Oskar? Würdest du dich eher einem Gott anvertrauen, wenn du einen Bodybuilder vor dir hättest, mit prallen Muskeln, eingeölter Haut, kahl geschoren und im vorteilhaften Tanga? Wem fühlst Du dich näher, Oskar, einem Gott, der nichts fühlt, oder einem, der Schmerzen hat?«[10]

Ich habe »Oskar und die Dame in Rosa« übrigens durch meinen damals 17-jährigen Sohn kennengelernt. Der hat mir diese Episode erzählt und gesagt: Wie die das sagt: das finde ich gut! Seither begreife ich, wenn Traurige und Leidende und Sterbende sagen: »Nur der gekreuzigte Gott kann einen trösten.« Martin Luther hat das anscheinend auch so gesehen. In einer Vorlesung sagte er seinen Studenten:

> *»Deshalb werden wir hier gelehrt, gegen die Hoffnung auf Hoffnung hin zu glauben, welche Weisheit des Kreuzes in einem tiefen Geheimnis verborgen ist. Aber es ist kein anderer Weg zum Himmel als dieses Kreuz.«*[11]

In schlimmen Situationen tut es gut, wenn man sieht: Gott kennt das. Als Jesus Christus gekreuzigt wurde, da hat er selbst gelitten. Gott ist nicht nur in den schönen Stunden für mich da. Nicht bloß dann, wenn ich erfolgreich bin und alles richtig mache. Gott ist auch bei denen, die es selbst gar nicht mehr glauben können. Und dazu kommt: Von dem Gekreuzigten glauben wir – am Ende hat Gott ihn nicht im Tod gelassen. Er hat ihm neues Leben geschenkt. Ich denke, das kann Leidenden und Sterbenden Mut machen.

Interessant

»Von Jesus werden wundersame Geschichten überliefert. Er konnte auf dem Wasser gehen. Auch wird erzählt, dass er Wasser zu Wein verwandeln konnte. Und er hat etwas Brot und ein paar Fische so vermehrt, dass eine riesige Menschenmenge davon satt wurde. Vielleicht war das Zauberei, dann wäre Jesus ein großer Magier, ähnlich wie Siegfried und Roy. Das ist total beeindruckend. Aber ich glaube nicht daran.« Ungefähr das hat vor einiger Zeit jemand im Radio gesagt.

Ich verstehe den Mann. So richtig vorstellen kann ich mir das auch nicht, was da in der Bibel erzählt wird. Obwohl: Es ist schon viel passiert in der Welt und auch in meinem Leben, was ich mir nie hätte vorstellen können ...

Ich glaube, die biblischen Geschichten wären nicht bis heute weitererzählt worden, wenn es darin nur um Zauberkunststücke gehen würde oder jedenfalls um die Verehrung eines legendären Zauberkünstlers. Wenn nicht über die Jahrhunderte viele Menschen gespürt hätten: da ist ja von mir die Rede. Genauso geht es mir ja auch. Oder jedenfalls könnte es mir so gehen, wie den Menschen, von denen da erzählt wird. Ich könnte dieser Mann sein, den Jesus herausgezogen hat, als er zu versinken drohte im Chaos seines Lebens – ihm haben das Wasser und die Wellen nichts ausgemacht. Mir ging es auch schon mal wie der Frau, die so bedrückt und traurig war, dass sie den Kopf nicht mehr hochkriegen konnte. Die vielen Appelle der anderen – Kopf hoch! – haben nicht geholfen. Jesus hat sie wieder aufgerichtet. Offensichtlich hat er die richtigen Worte gefunden. Das war wirklich ein Wunder.

Die Geschichten der Bibel sind ein Spiegel des Lebens. Auch meines Lebens. In dem kann ich sehen, wie es ist. Und wie es sein kann, wenn Jesus darin vorkommt. So hat Martin Luther die Bibel verstanden. Er hat geschrieben:

> »Wenn du nun ... liest oder hörst, wie Christus hier und dahin kommt oder jemand zu ihm gebracht wird, sollst du darin ... das Evangelium vernehmen, durch welches er zu dir kommt oder du zu ihm gebracht wirst.«[12]

Ich glaube, so werden die Geschichten der Bibel interessant. Interessant kommt vom lateinischen Wort »interesse«, das heißt: dazwischen sein, dabei sein. Erst wenn ich mittendrin bin, erst wenn ich selbst mich wiedererkenne in einer Geschichte, erst dann wird sie interessant.

Wenn ich an die Geschichte von der wundersamen Speisung der vielen Menschen denke: Ich stelle mir vor, wie sie geteilt haben, was jeder Einzelne dabeihatte. Da wurden auf einmal alle satt. Und ich finde: So müsste es doch gehen. Auch heute noch. Oder die Sache mit dem Wein und dem Wasser: Wo Gott ist, da darf man das Leben feiern. Vielleicht ist das die Erfahrung, die uns die Festgäste von damals weitergeben?

Ich finde, das macht Mut.

> »Du sollst wissen, dass solches der Glaube in dir wirke und er deiner Seele ebendieselbe Hilfe und Güte durch das Evangelium anbietet«[13],

so hat Luther die Leute angeleitet, die Bibel zu verstehen.

Warum sie das dann nicht gleich so erzählt haben? Vielleicht weil beim Weitererzählen das Wunder immer größer geworden ist, ehe sie es aufgeschrieben haben. Vielleicht, weil es leichter ist, sich selbst mit den eigenen Erfahrungen in so eine Geschichte hineinzulesen.

DR. MARTIN

Thesen

Dr. Martin habe ich am Reformationstag kennengelernt. Da hatten wir in der Grundschule keinen Unterricht, aber wir gingen gemeinsam in die Kirche, in Zweierreihen, flankiert von den Lehrerinnen und Lehrern.

Dort zeigte der Pastor (so nannte man den Pfarrer in jener Kleinstadt im Weserbergland) von der Kanzel auf ein Kirchenfenster ganz hinten im Seitenschiff. Ein würdiger Herr im Talar war darauf zu sehen und links und rechts daneben stand: Dr. Martin Luther. Er sah aus wie eine Mischung aus unserem Pastor und Beethoven, fand ich. Den kannte ich auch schon, der stand auf dem Klavier meiner Klavierlehrerin. So wie er, ein bisschen grimmig, schaute auch dieser Dr. Martin vom Kirchenfenster auf uns herunter. Dazu hat die Geschichte gepasst, die der Pastor uns erzählt hat: Wie dieser Dr. Martin seine 95 Thesen an die Tür der Schlosskirche angeschlagen hat. 95 Sätze, in denen er behauptet hat, dass man Gottes Liebe nicht kaufen kann. Das hatten damals manche Prediger den Leuten eingeredet, um ihnen sogenannte Ablassbriefe zu verkaufen. Und viele hatten sich finanziell ruiniert, um Gottes Vergebung und seine Liebe zu kaufen. Mit Faustschlägen auf die Kanzel hat der Pastor Dr. Martins Hammerschläge für uns Kinder hörbar gemacht. Die ganze Kirche hat davon gedröhnt und uns wurde klar, was für ein gewaltiges Ereignis das scheinbar gewesen war: Ein kleiner Mönch hat behauptet, dass die Predigt der Pfarrer damals falsch war!

Inzwischen weiß ich, dass der dramatische Thesenanschlag wahrscheinlich gar nicht stattgefunden hat. Luther hat seine Thesen wohl nur an die Gelehrten seiner Universität in Wittenberg verschickt, um sie zu einer Podiumsdiskussion einzuladen. Wirkungsvoll waren seine 95 Sätze trotzdem. Sie trafen anscheinend genau das, was damals viele dachten. Mit diesen Sätzen begann die Reformation der Kirche, und heute gibt es wahrscheinlich niemanden mehr, auch nicht in der katholischen Kirche, der nicht sagen würde: Jedenfalls was den Ablass für Geld angeht, hat Luther recht gehabt. In der 36. These hat er das so formuliert:

»Jeder Christ ohne Ausnahme, der wahrhaft
Reue empfindet, hat völlige Vergebung
von Strafe und Schuld, die ihm auch ohne
Ablassbriefe gebührt.«[14]

Gleich in der 1. These hat Luther seine Meinung vorgestellt:

»Unser Herr und Meister Jesus Christus
hat mit seinem Wort ›tut Buße‹ gewollt,
dass das ganze Leben des Gläubigen Buße
sein solle.«

Dabei hat er das Wort Buße nicht als eine bestimmte religiöse Übung begriffen, als Gebete, Wallfahrten oder eben ersatzweise Geldzahlungen, sondern wörtlich verstanden. Das griechische Wort für Buße heißt nämlich ›Umkehr‹, ›Umdenken‹. In meinem ganzen Leben soll ich also umdenken, mich zu Gott hinwenden und mich an ihm orientieren. Dann kann ich seine Nähe spüren und zuversichtlich leben. Ohne Geldzahlungen und religiöse Übungen.

Luther hat übrigens damals gemeint, dass der Papst das auch so sieht.

> »Wenn also der Ablass nach dem Geist und dem Sinn des Papstes gepredigt würde, würden jene Einwände alle leicht zerstreut, ja sie wären gar nicht vorhanden«,

schreibt er in seiner 91. These.

Das alles habe ich allerdings erst viel später in Erfahrung gebracht. Damals, am Reformationstag im Schulgottesdienst, hat dieser Dr. Martin mich ein bisschen erschreckt – genauso wie Beethoven in der Klavierstunde.

Gespräch

Vor fast 500 Jahren hätte ein Gespräch anfangen sollen. Am 31. Oktober 1517 hat der Mönch und Theologieprofessor Martin Luther 95 Thesen veröffentlicht, über die er mit den zuständigen Leuten reden wollte. Vielleicht hat er das Schriftstück an der Tür der Kirche angenagelt. Da kam jeder vorbei und konnte sich informieren und später dann seine Meinung sagen. Vielleicht hat er seine Thesen auch bloß an andere Professoren verschickt und sie zu einem öffentlichen Streitgespräch eingeladen. Die Historiker sind sich nicht ganz einig, welchen Weg Luther damals gewählt hat. Klar ist jedenfalls: Er hat in 95 Punkten formuliert, was in der damaligen Kirche nach seiner Meinung im Argen lag und so nicht weitergehen konnte.

Luther hat damals deutlich Kritik geübt an Zuständen in der Kirche, die er unerträglich fand. Darüber wollte er mit den Zuständigen ins Gespräch kommen. So hat er es ausdrücklich auf seinen Zettel geschrieben: Ich, Dr. Martin Luther, will über folgende Sätze öffentlich diskutieren ... und die, die nicht dabei sein und mitreden können, die sollen schriftlich ihre Meinung äußern. Luther wollte mit den Verantwortlichen Wege suchen, wie man das ändern kann, was nicht so bleiben konnte, wie es war.

Ob die Podiumsdiskussion damals zustande kam, weiß ich nicht. Jedenfalls wurde aber über Luthers Thesen und bald auch über weitere Kritikpunkte und Verbesserungsvorschläge gesprochen. Aber wie das so ist: Das Gespräch ist bald abgerissen. So geht das ja oft, nicht nur zwischen Kritikern und Kirchenführern. Wenn einer sagt, was er nicht gut findet und was ihm zu schaffen macht, und das Gespräch wird dem anderen zu mühsam, dann redet man einfach nicht mehr miteinander. Das geht bis heute so, zwischen Arbeitskollegen, zwischen Lebenspartnern, zwischen Eltern und Kindern und zwischen Völkern und Kirchen auch.

Damals, als das Gespräch zwischen Luther und den Kirchenvertretern abgerissen war, gingen die ihren Weg, die Veränderungen wollten. Und die beim Alten bleiben wollten, gingen einen anderen. Es ist in der Folge viel Unglück aus dieser Kirchenspaltung entstanden. Es ist immer ein Unglück, wenn man nicht mehr miteinander sprechen kann oder wenn einer nicht mehr mit dem anderen sprechen will.

Gott sei Dank sind die Christen viel später wieder miteinander ins Gespräch gekommen. Noch immer ist man sich nicht in allem einig. Aber wir reden miteinander. Immer wieder. Die Kirchenführer und die einzelnen Christen auch: Es gibt vieles, was man miteinander besser regeln und besser machen kann als einer allein. Man muss nicht in allem übereinstimmen, um zu tun, was das Leben besser macht. Im Augsburger Bekenntnis hat Philipp Melanchthon im Auftrag Luthers formuliert:

> *»Es ist nicht not zur wahren Einigkeit der christlichen Kirche, dass allenthalben gleichförmige ... Ceremonien gehalten werden.«*[15]

Bei jedem Gespräch, finde ich, ist es dasselbe: Hinterher bin ich klüger. Ich habe etwas Neues erfahren. Und das Neue belebt mein Denken und mein Leben. Deshalb finde ich: wir Christen aus den verschiedenen Konfessionen sollten im Gespräch bleiben. Wo immer es geht.

Martinstag

Am Martinstag gibt es Laternenumzüge. Abends gehen Kindergarten- und Grundschulkinder mit ihren Laternen durch die Ortschaften, in Erinnerung an den heiligen Martin, der mit einem Bettler seinen Mantel geteilt hat.

In meiner niedersächsischen Heimat hatten wir einen anderen Brauch. Da gingen wir Kinder mit einem kleinen Sack, manche auch einfach mit einer Plastiktüte, von Haus zu Haus und sangen den Leuten ein Lied. Dafür bekam man Süßigkeiten, Äpfel, Mandarinen, je nachdem. Dahinter steht die Geschichte des jungen Martin Luther, der natürlich nach jenem heiligen Martin seinen Namen hatte. Von ihm wird erzählt, dass er als Schüler mit seinen Mitschülern von Haus zu Haus singen gehen musste, um Brot und Lebensmittel für seinen Lebensunterhalt zu verdienen. Daraus ist später dieser Brauch entstanden, am Martinstag mit Liedern an den Haustüren um Süßes zu bitten.

Ein Kind muss für Brot singen, wenn es nicht hungern will. Als ich die Geschichte als kleines Mädchen hörte, wusste ich noch nicht, dass Kinder für Brot noch ganz andere Dinge tun müssen. Und ich fand es schrecklich. Wenn dieser Junge Martin Luther genug zu essen haben wollte, musste er etwas leisten. Das klang, als sei es gerecht. Aber war es nicht auch furchtbar hart? In einer anderen Geschichte hörten wir, wie man Kinder zur Zeit Luthers bestrafte, wenn sie etwas getan hatten, was sie nicht durften. Es wird erzählt, Luther habe als Kind einmal eine Nuss gestohlen. Dafür bekam er von seiner Mutter Prügel, bis er blutete. War das auch gerecht, oder nur einfach unbarmherzig?

Was für ein hartes Leben ist das, denke ich bis heute, wenn es immer in dieser Weise gerecht zugeht. Wer essen will, muss dafür etwas leisten. Und wer nichts leisten kann oder zu wenig – der kriegt halt nichts zu essen. Und wer einen Fehler macht, der gehört bestraft. Wo kämen wir denn sonst hin!

Kein Wunder, denke ich inzwischen, dass die selber hart und unbarmherzig werden, die so aufwachsen müssen. Mir ist auch nichts geschenkt worden. Warum also soll ich mit anderen großzügig sein?

Später hat Luther beim Lesen der Bibel dann etwas ganz anderes, Neues entdeckt. Zuerst im Römerbrief, und dann auch in vielen anderen Zusammenhängen fand er, dass Gottes Gerechtigkeit eben nicht jedem genau das zuteilt, was er verdient. Gottes Gerechtigkeit schaut vielmehr darauf, was einer braucht, damit er leben kann.

> *»Wenn die Gerechtigkeit Gottes jedem,*
> *der glaubt, zum Heil gereichen soll,*
> *so wird sie nicht unser Verdienst, sondern*
> *die Barmherzigkeit Gottes sein.«*[16]

So hat Luther das später beschrieben und dazu gesagt: »So wurde mein Geist aufgerichtet«.

Ich kann mir vorstellen, wie diese Entdeckung für ihn geradezu erlösend war.

Später, als erwachsener Mann, hat Luther immer Arme und Bedürftige am Tisch seiner großen Familie gehabt, besonders auch Kinder. Ich denke mir, dass das aus seiner grundlegenden Erfahrung mit Gott kam: Gerecht ist, was Menschen dazu hilft, dass sie leben können. Wer das glaubt, kann großzügig sein.

Entscheidungshilfe

Sich zu entscheiden ist manchmal nicht leicht. Manchen fällt es schon schwer, sich auf der Speisekarte im Restaurant zu entscheiden. Was soll ich denn nun nehmen? Was schmeckt am besten? Das mag anderen lächerlich vorkommen.

Aber wenn es um gewichtigere Fragen geht, dann gerät wohl jeder ins Grübeln. Die Ehe beenden oder nicht? Den alten Vater ins Altersheim gehen lassen oder zu Hause pflegen? Sich an den Protesten der Bürgerinitiative beteiligen? Endlich offen sagen, dass sich was ändern muss, oder lieber doch den Mund halten?

»Da kann ich dir keinen Rat geben, dass musst du selber mit deinem Gewissen ausmachen«, sagen die Freunde, die man um Rat fragt. So hat es wohl auch Martin Luther empfunden. Als Kaiser Karl V. von ihm verlangt hat, seine reformatorische Lehre zu widerrufen, hat Luther vom Gewissen geredet. Der Schluss seiner Antwort an den Kaiser wird bis heute zitiert:

> »Solange mein Gewissen gefangen ist von den
> Worten Gottes, kann und will ich nicht widerrufen,
> da gegen das Gewissen zu handeln weder
> sicher noch lauter ist. Gott helfe mir, Amen.«[17]

Solche Gewissensfragen kann einem keiner abnehmen. Sogar im Deutschen Bundestag wird in manchen Fragen bei der Abstimmung der Fraktionszwang aufgehoben. Da sind die Abgeordneten ausdrücklich nicht an die Grundsätze ihrer Partei gebunden, sondern nur ihrem Gewissen verantwortlich.

Zu Luthers Zeit war diese Berufung auf das Gewissen für die meisten Menschen neu. Dass er sich weder von der Obrigkeit noch von der Kirche bevormunden ließ, war geradezu revolutionär. Woher aber nahm er die Sicherheit für seine Entscheidung, dem Kaiser und der ganzen damaligen Kirche zu widersprechen?

Das Gewissen ist ja nicht eine Instanz, die aus sich selber heraus zuverlässig sagen könnte, was einer denken, sagen und tun sollte. Das Gewissen wird geprägt durch die Erziehung, durch das, was andere sagen und denken, oft genug auch von dem, was wir »Zeitgeist« nennen. Er liegt irgendwie in der Luft, ein Trend, man weiß gar nicht recht, woher er kommt – aber man kann sich dem schlecht entziehen. Aber eigentlich ist das ja dann keine eigene Entscheidung – vielmehr habe ich mich dem angepasst, was gerade modern ist.

Luther benennt deshalb den Maßstab, an dem er sein Gewissen ausrichtet: Das Wort Gottes. Die Bibel. Die scheint ihm zuverlässig und unabhängig von eigenen Interessen und vom Zeitgeist. Deshalb fühlt er sich an das Wort Gottes gebunden. Man muss dann sicher genau überlegen, wie denn die Geschichten von damals für unsere Zeit angewendet werden können. Das geht besser, wenn man mit anderen zusammen nachdenkt und darüber spricht. Ich glaube: Dann findet man leichter heraus, woran das Gewissen sich halten kann.

Die Bibel als Entscheidungshilfe für das Gewissen. Als kritische Gegenrede zum Zeitgeist, zur Erziehung, zu dem, was die anderen tun: Dann ist noch immer nicht alles klar. Aber ich finde, es ist leichter, Antworten zu finden.

Übersetzen und verstehen

Wenn man sich verstehen will, muss man die gleiche Sprache sprechen. Es funktioniert nicht, wenn der eine nur chinesisch spricht, die andere aber bloß deutsch. Auch zwischen einem Schwaben und einem Hamburger kann es zu Verständnisproblemen kommen. Und richtig schwierig wird es, wenn ein Arzt seinem Patienten nicht klarmachen kann, was ihm fehlt und was nun geschehen soll – weil der Arzt seine Diagnose nur in Medizin-Chinesisch formulieren kann und nicht in einer Sprache, die auch Laien verstehen.

Martin Luther fand es wichtig, dass die Menschen die Bibel verstehen. Damit sie sich selber eine Meinung bilden können und nicht bloß das glauben müssen, was ihnen ein paar Gelehrte darüber erzählen oder predigen. Die Bibel gab es damals nämlich nur auf lateinisch.

Deshalb hat Luther die Bibel ins Deutsche übersetzt. Er wollte, dass die Leute sie selber lesen können. Deshalb hat er nicht einfach Wort für Wort übersetzt. Wenn man das mal versucht, zum Beispiel auf Englisch, dann kommt da ein merkwürdiges Kauderwelsch heraus, über das man höchstens lachen kann.

Luther hat damals begriffen:

»Man muss nicht die Buchstaben in der lateinischen Sprache fragen, wie man deutsch reden soll, wie diese Esel tun; sondern man muss die Mutter im Hause, die Kinder auf der Gasse, den einfachen Mann auf dem Markt danach fragen, und denselben auf das Maul sehen,

> *wie sie reden, und danach übersetzen,*
> *so verstehen sie es denn, und merken,*
> *dass man deutsch mit ihnen redet.«*[18]

Das war allerdings damals gar nicht so einfach. Welchen Mann auf dem Markt sollte man denn fragen und welche Mutter im Haus? Einen Mann aus Lübeck, eine Frau aus Wittenberg, ein Kind aus Augsburg? Überall in Deutschland sprach man einen anderen Dialekt und die im Norden konnten die im Süden oft gar nicht verstehen. Luther hat sich dann im Wesentlichen an die mittelostdeutsche sächsische Kanzleisprache gehalten. Die war durch den Schriftverkehr der mitteldeutschen Fürsten und Kaufleute relativ weit verbreitet. Und weil Luthers Bibelübersetzung sich durch den gerade neu erfundenen Buchdruck schnell verbreitet hat, hat er damit im Grunde die hochdeutsche Sprache geschaffen. Die Sprache seiner Bibel wurde von den Menschen in ganz Deutschland übernommen.

Damit die Leute auch wirklich verstehen, was gemeint ist, hat Luther manchmal Beispiele aus der Lebenswelt deutscher Leser genommen, wo eigentlich von anderen Verhältnissen die Rede war. So übersetzt er zum Beispiel »Knechte« und »Mägde«, wo ursprünglich von Sklaven und Sklavinnen die Rede war. Aber die gab es zur Zeit Luthers in Deutschland nicht mehr, und er wollte ja, dass die Menschen sich selbst in den biblischen Geschichten wiedererkennen. Deshalb schrieb er »Knechte« und »Mägde«, damit die Knechte und Mägde seiner Zeit begreifen konnten: Da ist ja von mir die Rede, und was ich da lese, das könnte auch meine Geschichte sein.

Inzwischen ist auch Luthers Übersetzung alt und teilweise veraltet. Heute weiß zum Beispiel kaum noch jemand, was ein Scheffel ist. Aus diesem Grund verstehen viele nicht mehr, was es bedeutet, wenn einer »sein Licht unter den Scheffel stellt« (Mt 5,15; ein Scheffel ist ein Hohlmaß, das zur Zeit Luthers verwendet wurde). Deshalb ist es gut, dass es inzwischen wieder neuere Übersetzungen der Bibel gibt in der Sprache heutiger Zeit. Ich glaube, Luther hätte sich darüber gefreut.

Kurz und knapp

Weil viele Pfarrer seiner Zeit zu faul waren, zu ungebildet oder zu gelehrt, um eine ordentliche Predigt zu halten, deshalb hat Martin Luther für sie ein Lehrbuch geschrieben. Ein kleines Büchlein, auf Deutsch, damit wirklich alle lesen und verstehen konnten, was Luther gelehrt hat – und es auch verständlich weitergeben konnten. 1529 ist es erschienen. Inzwischen nennt man es den »Großen Katechismus«, weil es auch noch einen »Kleinen« gibt. Den hat Luther ein Jahr später veröffentlicht, noch kürzer und knapper, für die Kinder und für die einfachen Leute.

Katechismus heißt auf Deutsch »Kinderlehre«. So schlecht waren damals anscheinend die Predigten, die Luther auf seinen Reisen zu hören bekam, dass er die allerwichtigsten Dinge des christlichen Glaubens wie in einem Lesebuch für Kinder zusammengefasst hat. Die zehn Gebote, das Vaterunser, das Glaubensbekenntnis, ein paar Sätze über die Taufe und über das Abendmahl. Und dazu jeweils ein paar einfache Sätze, wie man diese Grundlagen des Glaubens denn nun verstehen könnte.

Man kann und soll niemanden zum Glauben zwingen, schreibt Luther im Vorwort, aber man soll doch »den Haufen« dahin bringen, *»dass sie wissen, was Recht und Unrecht ist bei denen, bei welchen sie wohnen«.* So, wie man ja auch das Stadtrecht kennen sollte, wenn man in einer Stadt wohnen will.

Im Katechismus ist kurz und knapp zusammengefasst, was die Bibel erzählt. Die sollte man deshalb dazu lesen, schreibt Luther. Erst dann kann man sich ein Bild machen von den Erfahrungen, die Menschen mit Gott gemacht haben. Und die dann ihren Glauben geweckt und ihr Gottvertrauen gestärkt haben. Das kann dann vielleicht auch meinen Glauben wecken. Also nicht einfach bloß mal eben den Katechismus lesen und dann meinen, nun weiß ich ja schon alles. Sondern immer wieder darüber nachdenken und neu damit anfangen. Im Vorwort heißt es,

»dass der Heilige Geist bei solchem Lesen, Reden und Gedenken gegenwärtig ist und immer neue und mehr Licht und Andacht dazu gibt«.[19]

Ob es nicht besser wäre, neuere, zeitgemäßere Maßstäbe zu haben für das, was Christen glauben? Ist ein Lehrbuch, das 485 Jahre alt ist, noch aktuell? Ich glaube nicht, dass das Alter gegen den Katechismus spricht. Das Reinheitsgebot für Bier ist noch 12 Jahre älter. Aber die meisten sagen: Wir tun gut daran, nicht davon abzuweichen.

Und ich finde, es stimmt: Immer wieder, wenn ich darüber nachdenke, finde ich neue Einsichten. Zum Beispiel die Erklärung zum ersten Gebot. »Ich bin der Herr, dein Gott, du sollst keine anderen Götter haben.« Dazu steht im Großen Katechismus:

»Worauf du nun dein Herz hängst und dich verlässt, das ist eigentlich dein Gott.«

Darüber kann man gar nicht genug nachdenken.

Merk-würdig

Aus manchen Liedern werden Schlager, die fast jeder kennt. Und aus den Schlagern lösen sich geflügelte Worte, mit denen man kurz und knapp auf den Punkt bringen kann, was man selber gar nicht so gut ausdrücken könnte. Solche Lieder sind eine Art Sprachhilfe. Manchmal auch eine Denkhilfe. »Wann ist der Mann ein Mann«, hat Herbert Grönemeyer in einem seiner Lieder gefragt. Das Lied ist fast vergessen – die Frage ist geblieben. »Mit 66 Jahren, da fängt das Leben an«: Mit dieser Zeile aus einem Schlager von Udo Jürgens trösten sich viele, die schon wieder Geburtstag haben. Und »An Tagen wie diesen« von den Toten Hosen erinnert einen, wie schön das Leben sein kann. So schön, dass man sich Unendlichkeit wünscht. Lieder prägen einem ein, was merk-würdig ist, im wahrsten Sinne des Wortes. Sie machen einem bewusst, was man vielleicht nur so ungefähr spürt. Sie wecken Hoffnungen, dass das Leben anders sein könnte. Besser. Heller. Leichter.

Das gilt auch für die religiösen Lieder, für die Choräle und Spirituals, die Christen seit Jahrhunderten singen. Wenige haben das so genau gewusst wie Martin Luther. Er wollte den Menschen die »gute neue Mär« des Glaubens einprägen. Damit sie nicht länger Angst haben müssen vor Gott, der alles sieht und alles bestraft. So hatte man den Menschen zu Luthers Zeit Gott vor Augen gestellt. Deshalb hat Luther Lieder gedichtet, die ein anderes Bild von Gott zeigen. Zum Beispiel »Vom Himmel hoch«. Dieses Weihnachtslied kennt bis heute fast jeder. Es erzählt die Weihnachtsgeschichte:

> »Euch ist ein Kindlein heut geborn, von einer Jungfrau auserkorn,
> ein Kindelein so zart und fein, das soll euer Freud und Wonne sein.«[20]

So konnten sich auch die immer wieder an diese Geschichte erinnern, die damals weder lesen noch schreiben konnten. Und sie konnten sich immer wieder bewusst machen, was das für sie bedeutet:

> »Er bringt euch alle Seligkeit, die Gott der Vater hat bereit',
> dass er mit uns im Himmelreich sollt leben nun und ewiglich.«

Vor Gott muss man keine Angst haben. Im Gegenteil: Ihm kann man sich anvertrauen. Er ist auch für die da, von denen andere meinten: Die sind zu arm, zu erfolglos, die haben es nicht verdient, bei denen läuft zu vieles falsch. Gerade die können sich darauf verlassen, dass Gott sie stark machen will für ihr schweres Leben. Davon haben die Leute zu singen gelernt:

> »Das hat also gefallen dir, die Wahrheit anzuzeigen mir, wie aller
> Welt Macht, Ehr' und Gut, vor dir nichts gilt, nichts hilft noch tut.«

Ich kann mir gut vorstellen, wie sich damals die Leute innerlich aufgerichtet haben, wenn sie das gesungen haben.

Gut, dass wir manche der alten Lutherlieder noch bis heute singen. Sie prägen einem ein, was bemerkenswert ist. Sie richten einen auf. Man kann sie ruhig mit neuen Instrumenten musizieren. Schlagzeug, Saxofon und Trompete statt Orgelbegleitung. Warum nicht. Vielleicht gehen sie den Menschen unserer Zeit dann besser ins Ohr. Und die »gute neue Mär'« wird zum geflügelten Wort, das einem nicht mehr aus dem Sinn geht.

Bibelkritik

Muss man alles wörtlich nehmen, was in der Bibel steht? Es steht darin, dass man kein Blut essen soll. Also auch keine Blutwurst (wenn man sie denn mag)? Es steht auch darin, dass man kein Kleid aus zweierlei Faden anziehen soll. (Lev 19,19) Mein Talar ist aus Wolle und Trevira. Ist das nun – genau genommen – eine Sünde?

Solche Fragen sind in den letzten Jahren am Beispiel der Homosexualität wieder ganz aktuell geworden. Homosexualität wird in der Bibel als Gräuel bezeichnet, sowohl im Alten Testament als auch in den Briefen des Paulus. Aber damals waren homosexuelle Partnerschaften, verbindlich, verlässlich und dauerhaft, gar nicht denkbar. Da gab es Homosexualität nur als fragwürdiges Vergnügen für Menschen, die offiziell ganz ordentlich verheiratet waren. Das, in der Tat, erniedrigt Menschen und macht sie zu Objekten der Selbstbefriedigung.

Trotzdem sagen viele: Es steht in der Bibel, dass das nicht sein darf. Ich kann doch nicht die Maßstäbe der Bibel anerkennen, die mir in den Kram passen, und andere für überholt erklären, weil wir heute darüber anders denken.

Das finde ich gut. Man sollte da wirklich selbstkritisch fragen: Bin ich mir da bloß selbst der Maßstab für das, was gelten soll? Oder der Zeitgeist?

Martin Luther hatte auch einen Maßstab dafür, wie er die Bibel verstanden und für andere ausgelegt hat. Auch für ihn war nicht alles gleichermaßen gültig. Sein Maßstab war Jesus Christus. Deshalb fand er zum Beispiel manches falsch, was in der Bibel im Jakobusbrief steht. In der Vorrede zu diesem Brief schreibt er:

> »Das ist der rechte Prüfstein, alle Bücher zu beurteilen: zu sehen, ob sie Christum treiben oder nicht, da alle Schrift Christum zeiget (Röm 3,21), und der Heilige Paulus nichts als Christum wissen will (1. Kor 2,2.). Was Christum nicht lehrt, das ist nicht apostolisch, selbst wenn es der Heilige Petrus oder der Heilige Paulus lehrte. Wiederum, was Christum predigt, das ist apostolisch, selbst wenn es Judas, Hannas, Pilatus und Herodes täte.«[21]

Was Christus selber gelehrt bzw. was er getan und wie er sich verhalten hat, das soll gelten, so verstehe ich das. Alle Geschichten und Regeln der Bibel, die klarmachen, was Jesus gesagt und wofür er gelebt hat. Über alles andere muss man nachdenken. Da muss man dann fragen: »Was würde Jesus dazu sagen?« Für mich heißt das im Blick auf die Homosexualität: Zum einen hatten die Menschen zur Zeit der Bibel nicht die verbindliche Lebensform vor Augen, wie sie heute jedenfalls in Deutschland möglich ist. Und vor allem: Jesus hat vorgelebt, den Nächsten, aber auch die Fremden und sogar die Feinde zu lieben. Damit ist es nicht vereinbar, dass ich Mitmenschen diskriminiere, auch nicht die, deren Lebensweise mir fremd ist.

Manchmal ist es schwer, eine Antwort auf die Frage zu finden, was würde Jesus dazu sagen. Dann muss man miteinander reden und nach einer Antwort suchen. Und vielleicht muss man damit leben, dass man die Wahrheit nicht finden kann. Die Wahrheit kennt am Ende nur Gott. Aber man kann sich an Jesus halten. Der hat gesagt: Gottes Liebe gilt für Gerechte und Ungerechte.

Bibelglaube?

»Was für die Katholischen der Papst sein sollte, das ist für euch Evangelische die Bibel: unfehlbar!« Das hat mir eine Frau geschrieben, weil ich in meinen Radiobeiträgen immer wieder auf biblische Geschichten verweise. Die Frau war ein bisschen genervt: »Wie kann man so kritiklos sich auf ein so altes Buch verlassen? Die Zeiten haben sich geändert. Ich kann nicht alles glauben und für wahr halten, was in der Bibel steht. Da wissen wir heute einfach mehr.«

Hat die Frau recht? Glauben wir Evangelische an die Bibel? Unbeirrt und unkritisch?

Ich finde es tatsächlich wichtig, mir und anderen immer wieder deutlich zu machen, woher ich meine »Morgengedanken« und »Anstöße« im Radio nehme. Für so weise halte ich mich nicht, dass ich da einfach zur Sprache bringe, was mir selbst richtig und wichtig scheint für unsere Zeit. Und ich finde, das sollen die Zuhörer auch wissen, dass ich aus der Bibel lerne.

Aber ich glaube nicht an die Bibel. Wir Christen glauben an Jesus Christus. In ihm, glauben wir, hat Gott sein Gesicht gezeigt. In ihm hat Gott sich den Menschen liebevoll zugewendet, damit sie gut leben können. Das ist die gute Nachricht, das Evangelium. Evangelium heißt »gute Nachricht«. Das Evangelium ist die Geschichte von Jesus Christus, von seinem Leben, Reden, Handeln und Sterben.

Und davon ist an vielen Stellen in der Bibel die Rede. Nicht bloß in den vier Evangelien. So jedenfalls hat Luther das gesehen. Das gilt auch für die Briefe im Neuen Testament und auch für das Alte Testament, besonders für die Propheten.

> »So ist ihre Lehre da, wo sie von Christus reden, nichts
> anderes als das wahre, lautere, rechte Evangelium«.[22]

Mir leuchtet das ein.

Genau deshalb darf man dann aber nicht kritiklos alles übernehmen, was in der Bibel steht. Luther hat das auch nicht getan, sondern alles daran gemessen, ob da von Christus die Rede ist. Oder, besser gesagt: Ob von dem die Rede ist, was dem Geist und dem Reden und Handeln Jesu entspricht. Deshalb ist es wichtig, immer wieder zu fragen: Stimmt denn das, was ich in der Bibel lese, mit dem Evangelium von Jesus Christus zusammen? Da wird sich dann zeigen, dass manches nicht zu dem Jesus passt, der zum Beispiel Männer und Frauen gleich behandelt hat und der zu dem Verbrecher, der mit ihm gekreuzigt worden ist, gesagt hat: »Heute wirst du mit mir im Paradies sein!« Da kann ich dann sagen: Das sehe ich anders und ich glaube, Jesus hätte das auch anders gesehen.

Und anderes, was in der Bibel steht, ist gar nicht so wichtig, da kann ich ruhig das glauben, was die Wissenschaft inzwischen anders sieht.

Aber dass Gott in Jesus zur Welt gekommen ist, damit wir Menschen gut leben können, das ist für mich wichtig. Das, scheint mir, ist keine veraltete und überholte Geschichte,

> »nicht Lesewort, wie sie meinen. Sondern Lebewort ... nicht
> zum Spekulieren und Grübeln, sondern zum Leben und Tun.«[23]

Die Geschichte von Jesus hat Konsequenzen. Aber ich finde: Darüber sollten die Radiohörer selber nachdenken können. Deshalb erzähle ich ihnen vom Evangelium.

Selber denken!

»Du sollst Gott mehr gehorchen als den Menschen!« (Apg 5,29) Manchmal denke ich, Martin Luther hat dieses Lebensmotto von den ersten Christen übernommen und zu seinem Wahlspruch gemacht. Schon Petrus hat das ja den religiösen und politischen Führern seiner Zeit entgegengehalten, als die ihm vorschreiben wollten, was er zu denken hätte und was nicht. Genauso hat Luther es für sich selber gehalten und denen widersprochen, die Gehorsam für ihre Lehren und Vorstellungen erzwingen wollten. So kamen 1517 seine 95 Thesen und in der Folge die Reformation zustande.

Dasselbe hat Luther seinen Zeitgenossen empfohlen. Jeder Mensch soll sich seine eigenen Gedanken machen, selber denken also und nicht unbedacht dem folgen, was andere ihm sagen. Dann aber brauchen die Menschen einen Maßstab für ihr Denken und Verhalten. Eine Richtschnur gewissermaßen, an der sich ablesen lässt, was gut ist und was nicht. Für Luther war klar: Dieser Maßstab für Gut und Böse kann nur Gott sein, der sich in Jesus gezeigt hat. Deshalb fand er es wichtig, dass auch die einfachen Leute die Bibel lesen können. Denn wo könnte man etwas von Jesus und von Gott in Erfahrung bringen, wenn nicht in der Bibel?

Deshalb hielt er es für eine Christenpflicht, dass Kinder – und zwar Jungen und Mädchen[24]! – zur Schule gehen und lesen und schreiben lernen. Nebenbei: Luther war damit der Erste, der Bildung auch für Mädchen forderte, und zwar für alle Mädchen, nicht nur für die Töchter wohlhabender Kaufleute und Adliger, die sich das leisten konnten. Jeder Mensch sollte die Bibel selber lesen und sich eigene Gedanken machen können. Den Ratsherren der Städte, die damals schon für alles mehr Geld hatten als für Bildung, hielt Luther vor:

*»Wenn man Jahr für Jahr so viel aufwenden muß
für Gewehre, Wege, Steige, Dämme und dergleichen
unzählige Dinge mehr, damit eine Stadt Frieden
und Ruhe habe, warum sollte man nicht viel mehr noch
oder doch genauso viel für die arme bedürftige Jugend
aufwenden, indem man ein oder zwei geeignete Männer
als Lehrer einstellt?«*

Aber Bildung fand er nicht nur wichtig, damit Menschen selber darüber nachdenken konnten, was sie glauben und wie sie sich verhalten wollten. Bildung war für ihn auch die wichtigste Voraussetzung, um die Welt zu gestalten. Denn die Macht der Regierenden ohne Vernunft und Weisheit hat noch niemals etwas Gutes bewirkt, hält er den Eltern vor, die ihre Kinder lieber in Haus- und Landwirtschaft oder im eigenen Betrieb arbeiten lassen wollten. Es soll ja

*»nicht Faustrecht, sondern Kopfrecht,
nicht Gewalt, sondern Weisheit
oder Vernunft ... regieren«.*[25]

Dazu müssen die Kinder auch »Geschichte und Musik, Mathematik und Poesie« kennenlernen, damit sie ein umfassendes Bild davon gewinnen, wie Menschen miteinander leben können. Denn nur aus den Erfahrungen anderer kann man lernen und Konsequenzen ziehen für das eigene Leben und für die Gestaltung der Welt.

Selber denken! Bildung ist für Luther der Weg, um die Welt besser zu machen. Denn:

>»Der Teufel hat viel lieber grobe Blöcke und unnütze Leute, dass es den Menschen ja nicht zu wohl gehe auf Erden.«[26]

Musik

Manchmal habe ich mit meinen Kindern geschimpft, wenn mir das Radio zu laut war. Oft konnte man sein eigenes Wort nicht verstehen, wenn man in ihre Zimmer kam. Sie haben dann gar nicht gemerkt, wenn ich kam. Schon gar nicht, dass ich vorher geklopft hatte. Die Musik hat sie abgeschirmt. Eine ganz eigene Welt hat sie ihnen geschaffen. Da kam das nicht rein, was ihnen sonst zu schaffen gemacht hat.

»Ihr macht euch doch die Ohren kaputt«, habe ich dann geschimpft, »und außerdem stört mich die laute Musik.« Wahrscheinlich hätte sie mich weniger gestört, wenn es meine Musik gewesen wäre. Die Musik, die mir gefällt.

Inzwischen weiß ich, wie sehr Menschen die Musik brauchen. Musik ist ein Mood-Manager, sagen die Wissenschaftler. Sie hält einen bei Laune. Sie kann einen sogar umstimmen, von Moll nach Dur. Deshalb läuft bei vielen Menschen das Radio den ganzen Tag, auch bei Erwachsenen: bei der Arbeit, und auch nach Feierabend. Musik macht die Menschen fröhlich.

Das hat schon Martin Luther so empfunden. Der hatte natürlich kein Radio. Aber er hat den Gesang der Vögel geliebt. *»Voran die liebe Nachtigall, macht alles fröhlich überall mit ihrem lieblichen Gesang«*[27], hat er in einem seiner Lieder gedichtet. Dafür, fand er, muss man ihr und den Vögeln überhaupt dankbar sein. Aber noch mehr muss man Gott danken, *»der sie also geschaffen hat«*. Für Luther hat Gott der Schöpfer selbst einen Weg gefunden, seine Menschen aufzuheitern. Er hat die Vögel geschaffen, die ihnen Musik machen. Luther wusste ja, wie einem die Welt um einen herum und die Menschen zu schaffen machen können. Er war oft enttäuscht, verzagt und unsicher, weil vieles nicht so war, wie er es gern gehabt hätte. Und er wusste: Allein kommt man oft nicht wieder aus solchen Stimmungen heraus. Wie gut, dass Gott auch daran gedacht hat. Wie gut, dass er die Vögel geschaffen hat, die einen mit ihrem Gesang herausholen können aus den dunklen Gedanken. Wie gut, dass er den Menschen ein Ohr gegeben hat für die Musik, von den Vögeln, mit Instrumenten und – ja, auch aus dem Radio.

Damals waren die Vögel wahrscheinlich leichter zu hören als heute. Es gab nicht so viele andere Lärmquellen. In den Städten kann man tagsüber die Vögel kaum noch hören. Obwohl: Ich wohne mitten in der Stadt. Morgens früh ist das Gezwitscher der Vögel so laut, dass ich manchmal davon aufwache. Auf dem Schornstein auf dem Nachbarhaus sitzt eine Amsel, die singt morgens und abends, ausdauernd und laut. Wenn ich einen Moment zugehört habe, denke ich: Wie schön! Und es geht mir besser.

Kein Wunder also, dass die Kinder und die jungen Leute sich Musik machen. Auch sie brauchen eine Hilfe, um aus dem herauszukommen, was sie bedrückt und belastet. Vielleicht ist ihre Musik aus Radios und CD-Playern für sie auch so eine Gabe Gottes wie für Luther der Gesang der Vögel? Die Zeiten ändern sich. Zugegeben, manchmal dröhnen sie sich einfach zu. Dann merken sie gar nicht mehr, was um sie herum los ist. Vielleicht ist auch das ab und zu nötig. Aber vielleicht könnten sie auch rechtzeitig lernen, hinzuhören. Auf die leisen Töne zum Beispiel, auf den Gesang der Vögel. Man müsste sie wahrscheinlich ab und zu darauf aufmerksam machen.

Mitten im Alltag

Es gibt Tage und Anlässe, da braucht man Gott. Wenn ein Kind geboren wird, zum Beispiel, bei der Taufe. Wenn ein junges Paar heiratet. Wenn jemand gestorben ist. Oder an Weihnachten. Dann lassen sich viele gern an Gott erinnern und an die Hoffnung, dass er sie begleitet und ihnen Kraft gibt, dass er Menschen tröstet und aufrichtet »in guten und bösen Tagen«. Aber im Alltag, da geht es anders zu. Da kommt man nicht weit, wenn man sich ans Evangelium hält. Das sagen viele.

Martin Luther hat das anders gesehen. Allen, die das Leben aufteilen wollten in einen Bereich »Glaube, Liebe, Hoffnung« und einen Bereich »Alltag, Geschäfte, Politik«, denen hat er gesagt: Auch und gerade das alltägliche Leben der Menschen ist Teil der guten Schöpfung Gottes. Und seine Menschen sollen es gut haben, hier und jetzt, wo sie leben und arbeiten: Das war einer der wichtigen neuen Gedanken der Reformation. In ihrem Beruf, also da, wo sie ihren Platz in der Welt und ihre Aufgaben haben, da sollen Menschen nach Gottes Willen leben. Da geschieht der »Gottesdienst im Alltag der Welt«, wie Paulus in seinem Römerbrief (Rö 12,1) geschrieben hat.

Diese Aufwertung des Alltags der Leute mitten in der Welt stellte Luther der mittelalterlichen Hochschätzung des geistlichen Lebens der Priester und Ordensleute in den Klöstern gegenüber. Deshalb verließ auch Luther selbst das Kloster, wandte sich dem Leben in der Welt zu, heiratete schließlich sogar und wurde Familienvater.

Offensichtlich machte ihn das für viele zu einer Vertrauensperson auch in ganz alltäglichen Fragen. In vielen

Briefen kamen die Leute zu ihm, sie haben ihm ihren Ärger geschildert, haben ihm ihr Leid geklagt. Und Luther ließ sich in Anspruch nehmen. Als Seelsorger, als Ratgeber, manchmal auch als Fürsprecher der einfachen Leute gegenüber hohen Herrschaften.

In unzähligen Briefen versucht er, die Menschen zu ermutigen und ihnen auch ganz konkret zu raten. Einmal schreibt er zum Beispiel an eine gewisse Ursula Schneidewein. Als Mutter wollte sie nicht gestatten, dass ihr Sohn seine große Liebe heiratet. Anscheinend hatte sie eine bessere Partie für ihn im Sinn. Luther aber rät:

Ich habe Euch geschrieben von eurem Sohn Johannes, wie er mit einer ehrlichen Jungfrau in großer Liebe verhaftet ... Derhalben Euch gebühren will als einer lieben Mutter, ihren Willen dreinzugeben.

> *... Wer weiß, was für ein Glück Gott ihm mit diesem Mädchen möchte zufügen, das ihm sonst vielleicht fehlen könnte.*[28] *...*

Summa, ich bitte, wollet Euer Jawort nicht länger verziehen, damit der gute Geselle aus dem unruhigen Wesen komme.«

Ob Doktor Luther die Mutter hat erweichen können und die Hochzeitsglocken geläutet haben, das ist nicht überliefert. Aber deutlich wird in diesem Brief, was Luther bewegt: Gott will das Glück der Menschen. Mitten im Alltag. So schreibt er einmal:

> »Unser Gott ist ›ein Gott des Lebens, ein Gott des Trostes, ein Gott der Gesundheit und Freuden‹«.[29]

Und – da ist Luther felsenfest überzeugt: Er ist bei uns und für und mit uns. Er will helfen, dass seine Menschen ihr Leben genießen können.

Rat geben

Anderen Rat geben: Manchmal scheint das leicht. Wenn jemand niedergeschlagen ist, weil er nicht weiterweiß und die Probleme ihm über den Kopf wachsen, dann sagt man gern: »Kopf hoch, das Leben geht weiter.« Oder: »Nun reiß dich mal zusammen. So schlimm ist das doch gar nicht!«

Aus dem Abstand eines Ratgebers scheinen einem manche Probleme wirklich eher gering und man kann gar nicht begreifen, warum der andere sich so schwer damit tut. Es passiert dabei aber leicht, dass man es sich einfach nur leicht macht mit dem Ratgeben.

Martin Luther hat auch oft und energisch Rat gegeben. In unzähligen Briefen hat er Menschen getröstet und versucht, sie zu ermutigen. Aber, soweit ich sehe, hat er die Probleme nicht kleingeredet, mit denen Menschen ängstlich und verzagt zu ihm kamen. So etwas wie »Reiß dich zusammen« oder »Nun mal Kopf hoch« habe ich bei ihm nicht gefunden.

Luther wusste nämlich, dass man nicht aus eigener Kraft aus den Depressionen und Ängsten herauskommen kann. Er war ja selbst durchaus kein Glaubensheld und auch kein Vorbild an Lebensmut und Standhaftigkeit.

An seinen Freund Hieronymus Weller schreibt er einmal: »Ich will dir erzählen, was mir einst widerfahren ist, als ich ungefähr in deinem Alter war: Als ich frisch ins Kloster gekommen war, geschah es, dass ich immer traurig und betrübt einherging, auch diese Traurigkeit nicht ablegen konnte. Deshalb suchte ich Rat und beichtete Doktor Staupitz (dieses Mannes tue ich gern Erwähnung) und eröffnete ihm, was für greuliche und schreckliche Gedanken ich hätte. Darauf sagte er:

> **Du weißt nicht, Martin, wie nützlich und notwendig dir diese Anfechtung ist, denn Gott plagt dich nicht umsonst so; du wirst sehen, dass er dich als einen Diener gebrauchen wird, um große Dinge auszurichten.«**[30]

Luther hat aus eigener Erfahrung gewusst: Wenn man mutlos ist, dann kann man keinen Weg mehr sehen. Man kann sich nicht am eigenen Schopf aus dem Sumpf ziehen. Auch »Kopf hoch« ist irgendwie sinnlos, denn selbst wenn ich den Kopf hebe, sehe ich ja doch bloß die Probleme, die sich überall auftürmen. Dann brauche ich jemanden, der mir etwas anderes zeigt. Einen Menschen, der mir eine Aussicht eröffnet, der mir vielleicht sogar einen Ausweg zeigen kann. Deshalb muss man sich Hilfe holen, wenn die Probleme und die Ängste einem über den Kopf wachsen. Dann kann nur eines helfen: ein anderer, der einem aus dem Sumpf heraushilft. Heute gibt es Ärzte, die helfen können, wenn eine richtige Depression einem Menschen das Leben schwermacht. Depressionen sind eine Krankheit, da können Therapien und Medikamente viel helfen.

Aber oft braucht man das ja gar nicht. Oft reicht ein anderer Mensch, der zuhört. Jemand, der trösten kann, indem er einen auf andere Gedanken bringt. Ein Freund oder eine Freundin, die einen rausholt aus den Zweifeln und aus dem »Ich hab ja noch nie was richtig gemacht«. Jemand, der einen lehrt, nicht bloß »Warum« zu fragen, sondern einen ermutigt, nach vorn zu schauen, und einem das »Wozu« zeigt. So wie sein Lehrer Staupitz Luther ermutigt hat.

Und anscheinend hat er ja Recht gehabt. Luther war später ein gesuchter Ratgeber. Gerade weil er auch selbst nicht perfekt war und nicht fehlerlos.

Beten?

»Beten ist nur für die Schwachen, die sich allein nichts zutrauen. Wer leistungsfähig ist und stark, der braucht nicht zu beten.« Das würden vielleicht die wenigsten offen so sagen. Aber nach meiner Beobachtung verhalten sich ganz viele so. »Ich komme allein zu recht. Gott sei Dank. Ich brauche niemanden. Schon gar nicht den lieben Gott.« –

Ich glaube das nicht, dass man nur dann beten sollte, wenn man aus eigener Kraft nicht mehr weiterweiß. Ich finde, das zeigt einer, der wirklich leistungsfähig war, der mit seinen Ideen Tausende begeistert hat, der eine ganz neue Zeit heraufgeführt hat. Ich denke an Martin Luther, den Mönch und Reformator der Kirche. Am 31. Oktober 1517 soll er seine 95 Thesen an die Tür der Schlosskirche in Wittenberg angeschlagen haben. Vielleicht hat er sie auch nur an die Professoren der Universität in Wittenberg geschickt, um zur Diskussion einzuladen. Aber damit fing die Reformation der Kirche an, seither sind Christen katholisch oder glauben evangelisch. Der einfache Mönch Martin Luther hat eine gigantische Aufgabe angefangen. Er hat den Autoritäten seiner Zeit widersprochen, mit Geistlichen und Wissenschaftlern erfolgreich gestritten und bei vielen ein ganz neues Denken angeregt. Er hat als Professor gelehrt, viele Bücher geschrieben, Lieder gedichtet, mit Fürsten und Bischöfen verhandelt und ungeheuer viele Briefe an Ratsuchende geschrieben.

Gewiss hat er dabei auch Fehler gemacht. Zum Umgang mit den Juden hat er Furchtbares gesagt und die Fürsten hat er ermuntert, gegen aufständische Bauern mit aller Härte vorzugehen. Viele finden, dass Luther damit den Lauf der Geschichte entscheidend mitgeprägt hat und dass er mitverantwortlich ist für die Judenverfolgungen und den Obrigkeitsstaat der späteren Jahrhunderte. Und was er zur Erneuerung der Kirchen angestoßen hat und was dann später zur Kirchenspaltung führte, muss man ja nicht richtig finden.

Eines aber ist unbestritten: Er hat Unglaubliches geleistet. Es war keiner von den Schwachen, die angeblich das Beten brauchen. Aber: Martin Luther hat gebetet. Hat regelmäßig gebetet und den Menschen empfohlen, das auch zu tun. Er hat für die, denen die Worte fehlen, für abends und morgens ein Gebet formuliert und Eltern und Lehrer aufgefordert, den Kindern das beizubringen. Damit die Menschen wissen, wie sie beten können. Luthers Abendgebet lautet folgendermaßen:

»Ich danke Dir, mein himmlischer Vater, durch
Jesus Christus, deinen lieben Sohn, dass du
mich diesen Tag gnädig behütet hast, und bitte
dich, du wollest mir vergeben alle meine Sünde,
wo ich Unrecht getan habe, und mich diese
Nacht auch gnädig behüten. Denn ich befehle
meinen Leib und Seele und alles in deine
Hände. Dein heiliger Engel sei mit mir, dass
der böse Feind keine Macht an mir finde.«[31]

Jedes Mal, wenn ich diese Worte höre oder selber bete – die Worte eines Mannes, der stark war und viel geleistet hat –, dann scheint mir: Gerade er hat gewusst, woher er das hat, was er kann. Und dass er nur deshalb so viel tun kann, weil er sich auf Gott verlassen kann. Gott sei Dank.

Die Kraft der Bilder

Die Auferstehung, die ihr Christen an Ostern feiert – das ist doch bloß eine Illusion. Reines Wunschdenken, damit man eine Hoffnung hat gegen die Angst vor dem Tod. Da bleibe ich lieber bei den Realitäten. Es gibt keine Beweise. Da will ich mir nichts vormachen.

Viele sagen das, und nicht erst heute. Ein paar Tage, nachdem man Jesus damals hingerichtet hatte, sprachen seine Anhänger von Auferstehung. Wir haben es erlebt, haben sie gesagt. Er war bei uns. Da hat man ihnen entgegengehalten: Ihr macht euch was vor. Wahrscheinlich hat jemand seinen Leichnam gestohlen. Seht das mal realistisch.

Trotzdem glauben es viele und vertrauen darauf: Christus ist auferstanden. Und wir werden auch auferstehen und in Gottes Welt leben. Genau wie er.

Illusion!, sagen da auch heute viele. Reines Wunschdenken. Damit rettet ihr euch vor der Angst vor dem Tod.

Wunschdenken ist das, was sich Menschen ausdenken, weil sie die Realität sonst nicht ertragen.

Aber der Glaube an die Auferstehung fing anders an, scheint mir. Es wurde davon geredet. Erzählt. Eine Handvoll Leute haben gesagt: Wir haben ihn gesehen. Ihn erlebt. Und es gab Spuren. Die Traurigen haben das Leben wieder gespürt. Die Enttäuschten hatten neue Hoffnung. Die Ängstlichen bekamen Mut. Die Zweifelnden konnten wieder vertrauen. Und die gedacht haben, alles ist aus und vorbei, die haben erlebt: Das Leben fängt neu an. Gott ist stärker als der Tod.

Da haben sie gewagt, auf das zu vertrauen, was man

ihnen gesagt hat. Jesus ist auferstanden. Gott hat ihn auferweckt. Und er wird auch uns auferwecken, wie ihn.

Zu allen Zeiten gab es Menschen, die das bezweifelt haben. In einer Predigt zu Ostern hat Martin Luther erzählt: »Etliche Lehrer haben sich sehr darüber bekümmert und gelehrt und scharfsinnig davon disputiert, wie es möglich sei.« »Aber«, hat Luther gesagt,

»wie Christus das getan hat, da kommt es nicht drauf an ... Deshalb ist mein treuer Rat, du lässt es bei den einfältigen Worten und kindischen Bildern bleiben und lässt dich durch die scharfsinnigen Geister, die ohne Bilder darüber nachdenken und es mit ihrer klugen Vernunft ergründen wollen, nicht anfechten.«[32]

Denn es »zeigen uns solche Worte und Bilder doch fein die Kraft und den Nutzen«. Also doch bloß schöne Bilder? Illusionen? Wunschdenken?

Ist es eine Illusion, wenn ich dem vertraue, der mir sagt: Ich liebe dich? Beweise habe ich nicht. Liebe kann man nicht beweisen. Aber ich habe Spuren: Ein Anruf, der meine Lebensgeister weckt. »Ich wollte bloß mal deine Stimme hören.« Eine Tüte Brötchen: »Ich würde gern mit dir frühstücken.« Ein Angebot für eine ungeliebte Aufgabe: »Das kann ich doch für dich machen.« Beweise sind das nicht. Das könnte ich alles auch ganz anders verstehen. Aber ich habe auch die Worte. Dieses: Ich liebe dich.

Und darauf vertraue ich. Worte, die andere mir sagen. Und die Spuren, die ich sehe und erlebe. Beides kommt zusammen. Ich finde, das ist keine Illusion. Nicht die Liebe. Und die Auferstehung auch nicht. Deshalb will ich darauf vertrauen. Dann machen sie mein Leben hell. Die Liebe. Und die Auferstehung.

Das Apfelbäumchen

»Und wenn morgen die Welt untergeht, will ich heute noch ein Apfelbäumchen pflanzen.« Der Satz ist nicht von Luther, obwohl das immer wieder behauptet wird. Jedenfalls ist er in den vielen dicken Bänden mit seinen Schriften, Briefen und Tischreden noch nirgends entdeckt worden. Aber ich finde, die haben trotzdem recht, die Luther diesen Satz zuschreiben. Er würde gut zu ihm passen.

Luther hat oft befürchtet, dass in den Turbulenzen und grausamen Kriegen seiner Zeit die Welt untergehen würde. Zum Beispiel während des Bauernkriegs (1524–1526), als in entsetzlichen Schlachten Zehntausende Bauern brutal niedergemetzelt wurden. Die dadurch entstandene »Unordnung« und das Elend der Betroffenen hielt er für die Vorboten des Weltuntergangs. Und sich selbst gab er – wohl zu Recht – einen Teil der Schuld daran. Luther hatte die Fürsten darin bestärkt, den Umsturz der gewohnten Ordnung mit allen Mitteln zu bekämpfen.

Und genau in dieser Situation heiratet Luther. »Dem Teufel zum Trotz will ich meine Käthe noch zur Ehe nehmen, ehe ich sterbe«[33], schreibt er an einen Freund. Er will die alleinstehende ehemalige Nonne versorgen und, soweit es an ihm liegt, zeigen, dass die Ordnungen Gottes doch bestehen bleiben, auch wenn es so aussieht, als bräche die ganze Welt zusammen. Ein Apfelbäumchen pflanzen also, auch wenn demnächst womöglich die Welt untergeht. Auch bei dieser wichtigen Entscheidung hat Luther anscheinend nicht gezögert, sondern gemeint, er solle das ihm Mögliche tun – und den Rest Gott überlassen. Also fand die Hochzeit am 27. Juni 1525 statt, als der Bauernkrieg schon fast verloren war und die Menschen entsetzt und ohne Hoffnung.

»Und wenn morgen die Welt unterginge, will ich heute noch ein Apfelbäumchen pflanzen.«

Lange habe ich gemeint, das wäre ein Satz für junge Leute. Die sind im richtigen Alter, die können Kinder in die Welt setzen, Neues entwickeln und innovativ und mit Schwung für die Zukunft sorgen. Inzwischen finde ich: die Sache mit dem Apfelbäumchen gilt mindestens genauso für uns Ältere. Ich bin in den 1950er-Jahren geboren – keine Generation vor mir hat in Deutschland so in Frieden und Wohlstand leben können wie meine. Und jetzt fürchten viele, dass es nicht mehr lange so bleiben wird. Der Klimawandel macht vielen Angst, die Schuldenkrise, die Wirtschaftskrise. Müssten da nicht gerade wir Älteren anfangen, Apfelbäumchen zu pflanzen? Vielleicht sogar ein Stück zurücktreten von unserem Anspruch auf Sicherheit und Versorgung und Wohlstand, den unsere Nachkommen bezahlen müssen?

In der Familie sorgen viele vor für die Kinder und Enkel – müssten wir alle zusammen nicht auch im öffentlichen Bereich mehr an Generationen nach uns denken? Ich weiß, absolute Sicherheit gibt es nicht. Aber wir könnten doch immer noch ein paar Apfelbäumchen pflanzen. Oder nicht?

Luther und die Juden

Martin Luther und die Juden: Das ist ein dunkles Kapitel. Zu Recht sind heute viel schockiert über seine harschen Worte. Vor allem gegen Ende seines Lebens, als er auch sonst in vielem enttäuscht und verbittert scheint vom Gang der Geschichte, stimmt er ein in den Judenhass seiner Zeit. Viele werfen ihm deshalb vor, er sei der Urheber des Antisemitismus auch in der evangelischen Kirche, der vor allem im Nationalsozialismus furchtbare Konsequenzen hatte. Da gab es wohl einzelne mutige Christen, evangelische und katholische, die sich für die Juden eingesetzt, ihnen bei der Flucht geholfen oder sie versteckt haben. Aber kaum irgendwo hat es jemand gewagt, dem Antisemitismus öffentlich entgegenzutreten. Auch die Kirchen haben das nicht getan und die jüdischen Mitbürger ihrem Schicksal überlassen.

Allerdings muss man wohl sagen: Luther war kein Antisemit. Er war erst recht kein Rassist. Für ihn waren zweifellos alle Menschen in gleicher Weise Gottes Geschöpfe. Zunächst sah er offensichtlich sogar eine Mitschuld der Christen an der schwierigen Lage der Juden im Deutschland seiner Zeit.

> *»Was können wir Gutes an den Juden schaffen, wenn wir sie nur mit Gewalt behandeln, ihnen Übles nachsagen und sie für Hunde halten? Wenn man ihnen verbietet, zu arbeiten und sie zum Wucher treibt – wie sollte sie das bessern? Man muss ... christlicher Liebe Gesetz an ihnen üben. Ob etliche halsstarrig sind, was liegt daran? Sind wir doch auch nicht alle gute Christen.«*[34]

Das schreibt Luther in einer Schrift, der er den Titel gibt: »*Dass Jesus Christus ein geborener Jude sei*«. Er hält damit ganz ausdrücklich fest, was im Römerbrief schon Paulus den ersten Christen entgegengehalten hat: »Nicht du trägst die Wurzel, sondern die Wurzel trägt dich!« (Röm 11,18)

Schwer enttäuscht ist Luther allerdings, weil die Juden an ihrem – wie er findet – irrigen Glauben festhalten. Sie haben doch, klagt er, in der Heiligen Schrift, die auch ihre Heilige Schrift ist, so viele Weissagungen auf den kommenden Messias – und können und wollen Jesus Christus nicht als Messias anerkennen! Für Luther ist Jesus Christus die Mitte des Glaubens. Er hält es deshalb für trotzige Verstocktheit, dass die Juden Jesus nicht als Messias bekennen wollen. Er hatte gehofft, die neue Wertschätzung der Reformatoren für die Bibel, auch für das jüdische Alte Testament, würde es den Juden erleichtern, Jesus als Messias zu erkennen.

Als das nicht geschah, schrieb er 1543, drei Jahre vor seinem Tod, eine weitere Schrift, diesmal ausdrücklich gegen die Juden: »Wir wollten gerne ein Geschenk dazu geben, dass wir sie los wären. Denn sie sind uns eine schwere Last ... und lauter Unglück in unserem Lande.«[35] Jetzt bezeichnet Luther die Juden als halsabschneiderische Wucherer, die die Christen übervorteilen und ausbeuten. Sein »treuer Rat« an die Obrigkeit ist es, ihre Synagogen und Häuser zu verbrennen, ihren Besitz zu beschlagnahmen und die Lehrer und Rabbiner zu vertreiben.

Kein Wort mehr davon, dass den Juden alle anderen Berufe verboten waren und sie nur als Kaufleute und mit Zinsnehmen ihren Lebensunterhalt verdienen konnten.

Luthers harsche Worte klingen in der Tat wie die Hetzparolen der Nazis, die gesagt haben »Die Juden sind unser Unglück«.

Aber kann man ihm wirklich vorwerfen, was 400 Jahre nach seiner Judenschrift geschehen ist? Gewiss, die Nazis haben sich auch auf Luther berufen. Aber müsste man nicht auch sagen: Sie hätten gut daran getan, mehr auf Luther zu hören? Mehr selber denken also, anstatt sich auf Autoritäten und Führer zu verlassen – auch wenn sie Martin Luther heißen?

»Man muss Gott mehr gehorchen als den Menschen.«

Das hat Luther in seiner Schrift »Von weltlicher Obrigkeit, wie weit man ihr Gehorsam schuldig sei«[36] dargelegt. Diesen Satz aus der Apostelgeschichte (Apg 5,29) hat er selbst für sich in Anspruch genommen – das ist sein reformatorisches Erbe. Ich hoffe, wenn wir Christen rechtzeitig selber denken, dann kann es nicht geschehen, dass wir falschen Führern nachplappern und nachlaufen. Dann können wir getrost sagen: in der Judenfrage hat Luther gedacht und geschrieben wie andere vor ihm und nach ihm auch. Vor diesem Fehler sollten wir heute uns hüten.

Luther und die Nazis

»Dieses Lied singen wir hier nicht so gern. Das haben die Nazis zu oft gesungen.« So hat mich Ende der 1970er-Jahre mein Ausbildungspfarrer angewiesen, ein anderes Lied für den Gottesdienst am Reformationstag auszuwählen.

Gemeint war Martin Luthers »Ein feste Burg«, ein Trostlied für die Christen seiner Zeit.

»Ein feste Burg ist unser Gott, ein gute Wehr und Waffen, er hilft uns frei aus aller Not, die uns jetzt hat betroffen. Der alt böse Feind, mit Ernst er's jetzt meint; groß Macht und viel List, sein grausam Rüstung ist, auf Erd ist nicht seins gleichen«[37],

so fängt es an.

Im 19. Jahrhundert hat Friedrich Engels Luthers Lied die »Marseillaise des 16. Jahrhunderts« genannt und darin ein Kampflied gegen die weltlichen Verhältnisse und die Fürsten dieser Welt gesehen.

Man kann sich gut vorstellen, dass sich später auch die nationalsozialistisch gesinnten Deutschen Christen damit Mut gemacht und mit dem Lutherlied gleichsam Gott für sich in Anspruch genommen haben.

Aber kann man das diesem Lied anlasten? Luther hat das Lied zwischen 1520 und 1529 geschrieben, als Kaiser Karl V. den evangelischen Glauben verboten hatte. Nur einzelne Fürsten schützten die Anhänger der Reformation. Die Gräuel der Bauernkriege richteten unglaubliches Leid an und wurden dem Freiheitsdrang der Reformation angelastet. Da schreibt Luther den Anhängern der Reformation zum Trost sein Lied. Das hat Menschen durch die Jahrhunderte seither getröstet und ermutigt. Friedrich Engels anscheinend genauso wie die Deutschen Christen der Nazizeit. Sollte man es deshalb nicht mehr singen?

Manche sehen, nicht nur wegen dieses Liedes, eine Linie von Martin Luther zu Adolf Hitler. Luther habe die Obrigkeit für eine Herrschaft von Gottes Gnaden gehalten. Deshalb hätten die Menschen sich später kritiklos jeder Obrigkeit unterworfen. Nur so konnte Hitler an die Macht kommen. So lauten die Argumente.

Luther selbst allerdings hat nie kritiklos hingenommen, was die ›weltliche Obrigkeit‹ verordnet und tut. Im Gegenteil. Er hat immer wieder Kritik geübt und als Maßstab galt ihm »Man muss Gott mehr gehorchen als den Menschen« (Apg 5,29). Damit steckt er ja auch ganz klar der weltlichen Gewalt ein Ziel. Denn

> »wo man alles halten müsste, was weltliche Gewalt wollte, so wäre es umsonst gesagt: ›Man muss Gott mehr gehorchen als den Menschen.‹«[38]

Die Obrigkeit an den Geboten Gottes prüfen und, wenn es sein muss, Kritik üben. Daran hat es gewiss oft gefehlt – nicht nur in der Nazizeit. Aber ist das ein Grund, »Ein feste Burg« nicht mehr zu singen?

Damals als Vikarin habe ich ein anderes Lied für den Gottesdienst ausgesucht. Aus Respekt vor meinem Ausbildungspfarrer. Inzwischen bin ich älter und würde mich hoffentlich trauen, es doch auf den Liederzettel zu schreiben. Denn ich finde es ermutigend und tröstlich.

Bettler

Ist das wirklich der richtige Weg? Ich bin da nie ganz sicher. Bei wichtigen Entscheidungen treiben mich Zweifel um. Und auch wenn ich mich endlich entschieden habe, frage ich mich immer wieder: »War das wirklich richtig? Hätte es nicht doch einen anderen, besseren Weg gegeben?«

Ich denke, so geht das vielen. Und ich kenne Menschen, die können sich gar nicht entscheiden, weil sie Angst haben, etwas falsch zu machen. Die werden dann manchmal von den Ereignissen überrollt und müssen es schließlich so nehmen, wie es gekommen ist. Oder andere entscheiden und ihnen bleibt nichts anderes übrig, als sich zu fügen und ja zu sagen.

Wie gut, wenn man selber entscheiden kann, wohin der Weg gehen soll. Andererseits: Mir machen die Leute Angst, die immer gleich wissen, was das Richtige ist – alternativlos. Da meine ich immer: vielleicht hätte man doch noch einmal nachdenken sollen, sich beraten. Vielleicht hätte es noch einen anderen Weg gegeben.

Martin Luther ist für viele ein Vorbild an Mut und Entschlusskraft. Aber gerade er wusste, wie leicht einem Zweifel kommen. Die Gewohnheiten und das, was man selbst und andere schon immer gedacht und getan haben, dem kann man sich kaum entziehen, schreibt er einmal an seine Klosterbrüder aus Wittenberg. Das war noch mitten in den ersten Aufregungen um die Veränderungen in Gottesdienst und Lehre, die er angeregt hatte. Auch er selbst hatte da Zweifel, schreibt er: »Wie oft hat mein Herz gezappelt und mich gestraft und mir ihr (der Gegner) stärkstes Argument vorgeworfen:

> ›Bist du denn allein klug? Sollten die anderen alle irren und eine so lange Zeit geirrt haben? Wie, wenn du irrst und so viele Leute in Irrtum verführst, welche alle ewig verdammt würden?‹«[39]

Wer Entscheidungen treffen muss, der trägt Verantwortung. Es ist gut, dass die, die entscheiden müssen, sich dessen bewusst sind.

Diese Verantwortung für die eigenen Entscheidungen kann einen ganz schön drücken. Luther ist diesen Druck anscheinend nie losgeworden. Immer wieder hat er gezweifelt. Anscheinend war ihm auch klar: Einer allein kann nicht alles überblicken, was wichtig ist. 15 Jahre später, als er schon der in ganz Deutschland berühmte Führer der Reformation geworden war, sagte er in einer Vorlesung vor Studenten:

> »In meinem Herzen regiert ... der Glaube an Jesus Christus ... und dennoch mache ich die Erfahrung, dass ich von so hoher, weiter, tiefer Weisheit nur einige schwache und arme Anfänge begriffen habe, ja nur Bruchstücke.«[40]

Nun könnten solche Selbstzweifel einen ja zögerlich machen. Wenn ich nicht sicher bin – dann entscheide ich lieber gar nicht. Dann schiebe ich die Dinge auf die lange Bank. »Aussitzen« nennt man das heute. Oder ich warte, bis andere entscheiden. Da kann ich mich dann anschließen. Oder dagegen protestieren, wenn ich nicht einverstanden bin. Aber mir kann keiner vorwerfen, dass ich irgendwie Schuld sei, weil ich falsch entschieden habe.

Luther war nicht zögerlich. Er hat sich nicht gedrückt. Im Gegenteil: Mutig und deutlich, manchmal polternd und laut, hat er gesagt, was er für richtig hielt. Aber immer im Gespräch mit anderen. Er hat sich mit Freunden beraten. Er hat diskutiert, gerade auch mit seinen Gegnern. Und vor allem: Er hat wieder und wieder die Bibel befragt. Die war ihm der Maßstab für seine Entscheidungen. Am Maßstab der Bibel hat er sein Gewissen gebildet – und dann entschieden »nach bestem Wissen und Gewissen«.

Die Zweifel sind trotzdem geblieben. Man erzählt, dass er, wenn sie ihn geplagt haben, »baptizatus sum« auf seinen Tisch geschrieben hat. Das heißt: »Ich bin getauft« – und für ihn hat das bedeutet: Auch wenn ich Fehler mache, Gott lässt mich nicht fallen. Er ist und bleibt mein Vater im Himmel.

Luther hat Fehler gemacht. Im Bauernkrieg zum Beispiel, als er aus Angst vor Aufruhr und Krieg die Bauern im Stich und der Rache der Fürsten überlassen hat. Was er in späteren Jahren gegen die Juden gewettert hat, ist unverzeihlich, gerade auch, wenn man bedenkt, dass damals die meisten Menschen so gedacht haben. Da hat anscheinend nicht genützt, was er immer wieder angemahnt hat: »Selber denken!«

Vermutlich war Luther selber klar, dass er Fehler gemacht hat. **»Wir sind Bettler, das ist wahr!«** Das stand auf dem Zettel, den man neben seinem Totenbett gefunden hat.

Trotzdem macht er mir Mut, meinen Verstand zu gebrauchen und Entscheidungen zu treffen, wenn es nötig ist. Ich muss mich vor Fehlern nicht fürchten. Ich kann bitten: »Vergib uns unsere Schuld!« Und darauf vertrauen, dass Gott mich hört. Wie Luther.

... UND ICH

Herausforderung

»Das Leben ist eine Herausforderung! Nur Mut. Packen Sie's an!« In der Bahnhofsbuchhandlung habe ich eine dieser Zeitschriften für Männergesundheit durchgeblättert. Darin stand das auf so einer Beratungsseite. Ich weiß nicht mehr, worum es ging – nur dies ist mir im Gedächtnis geblieben: »Das Leben ist eine Herausforderung. Nur Mut.«

Stimmt das?, habe ich mich hinterher eine ganze Weile gefragt – ist das Leben wirklich vor allem eine Herausforderung? Ein Kampf also, der bestanden werden muss? Eine Aneinanderreihung von Problemen, für die man eine Lösung finden muss, Aufgaben, die bewältigt werden müssen? Ist das so? Und vor allem: Macht das Mut, wenn man das Leben so sieht? Kein Wunder, habe ich gedacht, wenn gerade Männer vom Burn-out betroffen sind. Wenn sie das ganze Leben als Herausforderung sehen, in der man sich bewähren und gut abschneiden muss.

Als Christin sehe ich das anders. Ich glaube, dass das Leben zuerst ein Geschenk ist. Ich habe es mir nicht selbst gegeben. Gott hat es geschaffen. Jedes einzelne Leben. Meins auch. Natürlich haben meine Eltern ihr Teil dazu beigetragen, dass ich zur Welt gekommen bin. Aber dass ich so geworden bin, wie ich bin, das haben sie nicht gemacht. So wenig wie ich oder mein Mann irgendetwas dafür tun konnten, dass unsere Kinder sind, wie sie sind.

Martin Luther hat das so formuliert:

»*Ich glaube, dass mich Gott geschaffen hat,
samt allen Kreaturen. Er hat mir Leib
und Seele, Vernunft und alle Sinne gegeben
und erhält sie noch.*«[41]

Das Leben ist nicht zuerst eine Herausforderung. Das kann es auch sein. Aber zuerst ist das Leben ein Geschenk. Ich kann und soll mich darüber freuen. Über die guten Erfahrungen und die schönen Sonnenaufgänge, über die verregneten Tage und die netten Kollegen. Über die Kinder und den fröhlichen Lärm, den sie machen. Über die Lösung, die ich für irgendein Problem gefunden habe, aber auch über die Menschen, die mir beigestanden haben, als ich keine Lösung wusste. Darüber kann und soll ich mich freuen. Auch, wenn ich eine Herausforderung nicht bestanden, eine Aufgabe nicht gelöst habe. Das Leben ist ein Geschenk. Gott stattet mich aus mit allem, was ich brauche. Begabungen und Möglichkeiten. Erfahrungen, aus denen ich lernen kann. Begegnungen, die mich weiterbringen. Eindrücke, die mich glücklich machen. Freude, die mich beflügelt. Zeiten der Erholung, der Rekreation. Rekreation heißt: Neuschöpfung. Auch solche Stunden und Tage und Wochen schenkt mir Gott, der mein Schöpfer ist. Zeiten, in denen er mich neu machen kann. In denen er mir neuen Schwung schenkt. Neue Eindrücke, die mich beflügeln. Begegnungen, die mich glücklich machen.

Das Leben ist ein Geschenk. Und jeder Tag ist voll von Möglichkeiten, sich darüber zu freuen. Ich glaube: Das hilft dann auch, Herausforderungen zu bestehen.

Ablästern

Hinterher wird abgelästert. Vielleicht kennen Sie das. Es passiert auf der Heimfahrt vom Familientreffen, beim Bier nach dem Fußballtraining, auf dem Schulhof und inzwischen auch im Internet: Es wird abgelästert über die anderen. Die Deutschlehrerin – was die neuerdings für eine Brille aufhat: irgendwie muss sie ja zeigen, dass sie studiert hat. Der alte Onkel: wenn der bloß endlich aufhören würde, vom Soldatenleben zu erzählen – anscheinend hat er nichts gelernt seit damals. Und die Kollegin, die wieder mal zu viel geredet hat – wer nichts zu sagen hat, muss halt viel reden.

Hinterher wird abgelästert. Aber das braucht man manchmal einfach, um sich abzureagieren, sagen Sie jetzt vielleicht, das macht Spaß und schadet doch eigentlich keinem, denn es hört ja niemand.

Ich denke da inzwischen anders. Ich habe gemerkt, dass es doch jemandem schadet, egal, ob es die Betroffenen hören oder nicht. Über andere ablästern schadet mir selbst, denn es bleibt immer was hängen davon. Und zwar vor allem an mir und in mir. Was ich über den anderen sage, auch wenn es zuerst nur als Spaß oder jedenfalls doch gar nicht so böse gemeint war – mit der Zeit denke ich wirklich so über die anderen, wie ich über sie geredet habe: überheblich und besserwisserisch, selbstgerecht und zynisch.

In der Bibel wird dieser Zusammenhang von reden und denken mit einem Schiff verglichen. Ein Lehrer der ersten Christen vergleicht die Zunge mit dem Steuer und schreibt in einem Brief: »Schiffe sind groß und werden von starken Wellen getrieben, aber sie werden mit dem kleinen Steuer dahin gelenkt, wo der Steuermann hin will.« (Jak 3,4) Die Zunge ist so ein kleines Steuer für den ganzen Menschen. Wie man redet, über seine Pläne, über seine Erfahrungen, vor allem aber über andere Menschen – wie man redet, das prägt am Ende auch das eigene Denken. Wenn ich oft genug »die dumme Kuh!« über eine Kollegin gesagt habe – dann kann ich wirklich nicht mehr sehen, wie sie mir schon ein paar Mal aus der Patsche geholfen hat. Und wenn ich oft genug »so ein eingebildeter Pinsel« über den Kollegen gesagt habe, dann sehe ich nicht mehr, wie geistreich und gescheit er eigentlich ist.

Wie man über Menschen redet, so denkt man am Ende auch über sie. Deshalb heißt das 8. Gebot: »Du sollst nicht falsch über deinen Nächsten aussagen.« Und Martin Luther hat das so erklärt:

»*Wir sollen ... unseren Nächsten nicht belügen, verraten, verleumden oder seinen Ruf verderben, sondern sollen ihn entschuldigen, Gutes von ihm reden und alles zum Besten kehren.*«[42]

Ich glaube, das ist besser als ablästern. Besser für die anderen – und für mich auch.

Schlechte Laune

Schlechte Laune ist irgendwie ansteckend. Vielleicht kennen Sie das auch: Ich habe mich geärgert. Vielleicht war es nur eine Kleinigkeit, aber es lässt mich nicht mehr los. Der ganze Tag ist verdorben. Auf einmal ärgert mich jede Kleinigkeit. Und ich sehe überhaupt nicht ein, warum ich mich beherrschen soll. Die anderen sollen doch ruhig merken, dass ich mich ärgere und dass es mir nicht gut geht. Also gebe ich dem nächsten eine patzige Antwort. Und der keilt zurück. Jetzt bin ich erst recht verärgert und verstimmt. Ich habe es doch gewusst: Die Menschen sind unmöglich. Und der andere ärgert sich auch. Bei nächster Gelegenheit wird er womöglich irgendwo anders seiner schlechten Laune Luft machen.

Schlechte Laune macht Beziehungen zwischen Menschen kaputt und zuletzt geht es den Betroffenen immer noch schlechter. Sie geraten immer tiefer hinein in ihre üble Laune. Irgendwann sind alle so verärgert und verstimmt, dass man keinen Ausweg mehr findet. Keinen Weg mehr zueinander.

Für Luther war das ein Teufelskreis im wörtlichen Sinn. Die schlechte Laune kommt vom Teufel, hat er gemeint. Der verdirbt einem die Stimmung und irgendwann kommt man da nicht mehr raus.

Dagegen muss man sich wehren, hat er deshalb geraten.

> *»Wenn Ihr Euch aber nicht sperrt und wehrt, sondern lasst die Gedanken mit aller Muße euch plagen, so habt ihr bald verloren.«*[43]

Man darf sich der schlechten Laune nicht einfach hingeben. So verstehe ich ihn. Man darf nicht zulassen, dass einem die schlechte Laune das Leben schwer macht und den anderen auch. Das wäre ein bequemes und gleichgültiges Sich-gehen-Lassen. Luther würde sagen: Dann hat der Teufel leichtes Spiel, mir das Leben schwer zu machen. Deshalb rät er einem Jonas von Stockhausen, der offensichtlich sehr von schlechter Laune geplagt war:

> *»Aber der allerbeste Rat ... ist, wenn Ihr überhaupt nicht mit ihnen kämpfen möchtet, sondern könntet sie verachten und tun, als fühltet Ihr sie nicht und gedächtet immer an etwas anderes, und sprecht so zu ihnen: ›Wohlan, Teufel, lass mich unbehelligt, ich kann mich jetzt nicht um deine Gedanken kümmern, ich muss reiten, fahren, essen, trinken, das oder das tun, und weiter: Ich muss jetzt fröhlich sein, komm morgen wieder.‹«*[44]

Der schlechten Laune darf man sich nicht einfach passiv hingeben. Ich gebe zu, manchmal ist das das Bequemste. Dann kann ich mir noch dazu selber leidtun, weil die Welt schlecht ist und die Menschen auch. Es ist dann kein Wunder, wenn die Beziehungen darunter leiden, weil die einen nicht angesteckt werden wollen von dem Misanthropen und die anderen sich verletzt und enttäuscht zurückziehen. Auch wenn ich nicht mehr den Teufel für meine schlechte Laune verantwortlich machen würde: Ich kann aktiv dagegen kämpfen. Mir Mühe geben, dass es besser wird. Mir etwas Schönes gönnen. Bei mir hilft manchmal schon ein Eis in einem netten Café, eine Viertelstunde in der Sonne auf dem Balkon oder bei schlechtem Wetter ein Besuch in der Sauna mit einer Freundin. Dann spüre ich wieder, wie schön das Leben sein kann. Dann kann ich wieder fröhlich sein. Und wenn die schlechte Laune morgen wieder kommt: dann nehme ich mir wieder etwas Schönes vor.

Viel zu tun

»Wie soll ich das bloß schaffen?!« Manchmal denke ich das, wenn ich am Anfang einer Woche auf das schaue, was noch alles kommen wird. Das schaffe ich nie! Und ich denke einerseits an die viele Arbeit und die verschiedenen Aufgaben, die im Lauf der Woche erledigt werden wollen. Ich denke aber auch an die Vorsätze, die ich habe: freundlich bleiben und gelassen, nicht bloß Dienst nach Vorschrift, schauen, dass es den anderen gut geht ...

Manchmal bin ich ganz verzagt und möchte am liebsten alles hinschmeißen. Sollen die anderen doch sehen, wie sie fertig werden. Oder muss ich mich einfach ein bisschen zusammenreißen? Mir noch mehr Mühe geben?

Neulich ist mir in so einer Situation Martin Luther eingefallen. Der hat ja offenbar ungeheuer viel gearbeitet und geleistet. Und er hat gesagt:

»*Heute habe ich viel zu tun. Deshalb muss ich viel beten.*«

Ich habe es probiert, als mal wieder so ein Tag vor mir lag wie ein hoher Berg und ich das Gefühl hatte, das schaffe ich nie. Und Sie werden lachen: es hat geklappt. Ich habe mich einfach erst mal hingesetzt und war ganz still. Ich habe angefangen zu überlegen, was nun alles anliegt und was ich alles schaffen und erledigen muss. Und schon beim Aufzählen habe ich an ein paar Stellen gemerkt: das kann doch gut auch jemand anders machen. Ich muss den bloß fragen. Und bei ein paar Dingen war mir auf einmal klar: das ist gar nicht so dringend – vielleicht ist es überhaupt nicht nötig. Da war schon viel gewonnen. Dann habe ich gesagt: Ich schaffe das nicht allein, Gott. Gib mir deinen Geist. Zeig mir, wie das gehen soll. Gib mir Kraft. Und dann habe ich einfach noch eine Weile ganz still gesessen und tief durchgeatmet. Danach habe ich mir einen Kaffee gemacht und ein Stück Schokolade dazu gegessen. Und dann? Dann war die Unruhe weg. Es tut einem gut, wenn man Abstand nimmt und sich den Weg auf den Berg sucht, der vor einem liegt. Dann findet man auch die nötigen Schritte leichter.

Ich habe dann angefangen mit dem Gefühl: jetzt mache ich, was geht. Und was nicht geht, das soll eben nicht sein. Ich habe mich nicht mehr so in der Pflicht gefühlt und nicht mehr so unter Druck. Als ob einer mir eine Last von den Schultern genommen hätte.

Damals habe ich gelernt: Gerade wenn einem alles zu viel wird, muss man sich selber unterbrechen. Nicht einfach drauflos rennen und schaffen und machen, sondern erst einmal still werden. Beten ist eine gute Möglichkeit. Manchmal auch: in eine Kirche gehen, vielleicht sogar zum Gottesdienst. Da wird man ganz von allein still. Der Raum spricht zu mir. Das besondere Licht, die Bilder, die Musik, die Worte, die ich höre. Manchmal denke ich: da unterbricht mich Gott selber. Und hinterher geht vieles besser.

Deshalb tut es gut, zu beten, wenn besonders viel zu tun ist. Und übrigens: als ich dann gefragt habe, haben mir wirklich Leute geholfen und sogar gern. Ich habe eine Frau getroffen, die mir einen wichtigen Rat gegeben hat. Und eine gute Idee hatte ich selber, die vieles einfacher gemacht hat. »Ora et labora« war übrigens der Grundsatz der Mönche und Nonnen im Kloster. »Bete und arbeite!« Wahrscheinlich ist das gar nicht so dumm.

Warum lügen Menschen?

Warum lügen Menschen und sagen: Ich war's nicht? Ich bin unschuldig! Die Verhältnisse sind schuld, dass ich einfach nicht anders konnte? Ich bin nicht Täter, ich bin Opfer. Ich kann nichts dafür.

Ich hoffe, dass ich mich sehen lassen kann. Ich glaube, das ist die Antwort.

Deshalb muss ich lügen. Ich lüge, wenn ich spüre: es ist etwas schief gelaufen. Ich habe versagt, entweder vor meinen eigenen Ansprüchen oder vor den Ansprüchen anderer. Und jetzt kann ich mich vor niemandem mehr sehen lassen. Denn ich will ja nicht, dass sie merken: Die hat versagt. Die hat getan, was man nicht tut. Deshalb muss ich lügen. Was bleibt mir übrig?

Mein Leben ist nicht, wie es sein könnte. Ich habe nicht genug aus mir gemacht. Aber das soll niemand merken. Und ich will möglichst nicht daran denken müssen. Also verdränge ich solche trüben Gedanken und mache mir und anderen etwas vor. Hauptsache, die Fassade stimmt und kann sich sehen lassen. Was dahinter ist, bleibt besser im Dunkeln.

Bloß: Solange Menschen sich etwas vormachen und lügen, kann sich nichts ändern. Alles bleibt beim Alten, wenn ich nicht aufhören kann zu lügen. Veränderungen können erst anfangen, wenn ich zu meiner eigenen Wahrheit stehen kann.

Man kann den Menschen nicht wirklich offen begegnen, wenn man Teile des eigenen Lebens und Wesens verstecken muss. So werden Menschen Lügner und können einander nicht wirklich nahe kommen. Sie müssen sich voreinander verstecken. Oder sie schieben sich die Schuld gegenseitig zu. Weil keiner schuld sein will. Weil keiner verantwortlich gemacht werden will. Ich glaube: Das ist dann erst wirklich schlimm. Das ist Sünde, um einmal dieses aus der Mode gekommene Wort zu gebrauchen. Sünde heißt, sich selbst rechtfertigen und ohne Gott auskommen wollen.

Gott vergibt dem Sünder, glauben wir Christen. Dann kann man sich sehen lassen. Allerdings: Er annulliert nicht die Schuld des Einzelnen. Ich bin und bleibe verantwortlich für das, was ich getan habe.

> *»Nicht der ist ein rechter Christ, der keine Sünde hat noch fühlt, sondern dem solche Sünde von unserm Herrgott um seines Glaubens an Christus willen nicht angerechnet wird«*[45],

lerne ich von Martin Luther. Er nimmt damit auf, was Jesus gesagt hat: »Gott freut sich mehr über einen mit Schuld beladenen Menschen, der sein Leben ändert, als über 99 Gerechte, die das nicht nötig haben.« (Lk 15,7)

Wenn das stimmt, kann ich mich sehen lassen. Ich kann zu dem stehen, was schiefgelaufen ist in meinem Leben. Und selbstbewusst und aufrecht versuchen, es anders und besser zu machen. So kann ich dann auch mit anderen gnädig sein. Ich sehe die Schwächen und das Versagen anderer. Aber es gibt keinen Grund, sie zu verachten oder zu meinen: Mir würde das nie passieren. Auch wer Fehler gemacht hat, ist nicht ein für alle Mal erledigt. Wer begreift, was verkehrt war, der hat eine neue Chance verdient.

Ich denke: Wenn ich offenlegen kann, was nicht stimmt, kann ich versuchen, es in Ordnung zu bringen und mir dabei helfen lassen. Ich kann den anderen helfen, sich selber erträglich zu werden und ihre Lebensverhältnisse erträglicher zu machen. Und das Lügen kann aufhören.

Schuld

Ein Mann ist gestorben, stand in meiner Zeitung. Motorradunfall. Der Mann war fast 60, bestimmt kein Raser. Wahrscheinlich ist er ganz besonnen und vernünftig gefahren. Ein Autofahrer, ein Mann knapp über 60, hatte ihm die Vorfahrt genommen. Der Motorradfahrer war sofort tot. Die Beifahrerin im Auto ist schwer verletzt. Dem Autofahrer ist nichts passiert – sagt man. Aber was heißt das? Wie fühlt sich das an, wenn man Schuld hat an so einem Unfall? Wie kann ein Mensch damit fertig werden?

Nicht immer hat ein Fehler so fürchterliche Folgen. Aber viele müssen damit leben, dass sie etwas Schlimmes getan haben. Ich habe einen Menschen schwer verletzt, ich habe ein Leben zerstört. Man kann versuchen, das zu verdrängen. Aber ich glaube nicht, dass das wirklich gelingt.

Auch Christen haben Erfahrungen mit Schuld. Natürlich. Aber wir Christen vertrauen auch darauf, dass Gott Schuld vergibt. Anders, glaube ich, kann man eigentlich nicht leben. Man kann ja auch nicht leben, ohne schuldig zu werden. Jesus hat von einem Sohn erzählt, der zu seinem Vater kommt und gesteht, welch schlimmen Fehler er gemacht hat. Und von dem Vater, der ihn in die Arme schließt und ihm einen neuen Anfang ermöglicht.

So ist Gott, hat Jesus gesagt. Deshalb hat er uns gelehrt zu beten: »Vergib uns unsere Schuld«. Ich muss damit leben, was ich getan habe, das wohl. Aber Gott will nicht, dass mich eine Schuld für immer drückt und bedrückt. Ich kann wieder neu leben. So wie jener Sohn, der neu angefangen hat.

Martin Luther, der selbst immer wieder bedrückt war von dem Gefühl, vieles falsch gemacht zu haben, der hat den Leuten geraten, das auch wirklich ernst zu nehmen. In seiner Weihnachtspredigt 1527 hat er gesagt:

»*Was hilfts, dass wir die Schrift so reichlich haben und hören, und nichts davon lernen noch uns nütze machen, wie eine Magd, die mitten in Blumen sitzt und keine abbrechen will, um sich einen Kranz zu machen?*«[46]

Was für den Sohn gilt, den sein Vater in die Arme schließt, das gilt auch für mich – und auch für jenen Mann, der für den Tod eines Menschen verantwortlich ist. Darauf kann ich mich verlassen und leben. Denn, habe ich in Luthers Kleinem Katechismus gelernt:

»*Wo Vergebung der Sünden ist, da ist auch Leben und Seligkeit.*«[47]

Weil Gott Sünden vergibt, kann ich leben: aufrecht und frei. Das geht sicher nicht so einfach, wie es in diesen Geschichten klingt. Das braucht Zeit. Wahrscheinlich viel Zeit. Das braucht sicher auch Menschen, die es einem immer wieder sagen: Das Alte ist vergangen, es kann auch wieder Neues wachsen.

Es wird auch nicht alles wieder gut, so, wie es vorher war. Das Leben wird anders, wenn einem so etwas passiert wie dem Unglücksfahrer, der einen anderen getötet hat. Die Erinnerung bleibt und kommt wahrscheinlich immer wieder. Aber ich hoffe, ich kann mit der Erinnerung leben. Als neuer Mensch. Und was ich nicht mehr ungeschehen machen kann – vielleicht kann ich woanders etwas davon gutmachen.

Nicht kleinlich

»Vielleicht sollte ich beten«, hat mir die Frau gesagt, die schwer krank war. »Aber ich habe das nie getan. Ich komme allein zurecht, habe ich immer gedacht. Da kann ich dem lieben Gott doch jetzt nicht kommen und beten, dass er mir hilft.« Ich habe gespürt, wie allein sie sich gefühlt hat. Besuch hatte sie wohl genügend: aber niemanden, mit dem sie von ihrer Angst reden konnte. Ihre Familie wollte sie nicht noch mehr traurig machen. Und vor anderen mochte sie das vielleicht nicht zugeben, dass jetzt auch sie nicht mehr weiter wusste – wo sie doch sonst immer so stark war und für alles gesorgt und alles gut hingekriegt hatte.

Jemanden haben, mit dem man reden kann über die Dinge, die man eigentlich niemandem zumuten will. Oder von denen man nicht möchte, dass ein anderer sie weiß, die einen aber doch bekümmern. Das würde vieles leichter machen. Ich glaube, so hat die kranke Frau das gemeint, als sie gesagt hat: »Vielleicht sollte ich beten.«

Ob Gott wirklich so ist wie eine beleidigte Freundin, die sagt: »So lange hast du dich nicht bei mir gemeldet – dann brauchst du jetzt auch nicht kommen, jetzt, wo du mich brauchst.« Ich gebe zu, ich habe auch schon manchmal so gedacht. Aber Gott? Anscheinend hatten die Menschen schon zur Zeit Luthers solche Bedenken. Aber Luther hat Gott nicht für so kleinlich gehalten. Er hat für die, die beten möchten, aber sich nicht trauen, gesagt:

> »Viele ... sind der Meinung, Gott höre jemand nicht, der in Sünden liegt ... So blind sind wir.

Mit leiblicher Krankheit und Not laufen wir zu Gott; mit der Seelen Krankheit laufen wir von ihm weg und wollen nicht wieder kommen, wir seien vorher gesund.«[48]

Nun meine ich nicht, dass die kranke Frau, die nicht beten mochte, »in Sünden liegt«. Aber Luther meint ja auch nicht irgendwelche Fehler, die jemand gemacht hat, oder einen liederlichen Lebenswandel. Wenn Luther ›Sünde‹ gesagt hat, dann meint er die, die von Gott nichts wissen wollen. Luther denkt an Menschen, die wie jene Frau sagen: »Ich komme allein zurecht. Den lieben Gott, den brauchen doch nur die Schwachen, die sich selbst nicht genug zutrauen.« Aber gerade für die ist Gott da. So jedenfalls hat Jesus sich verhalten. Er hat sich um die Leute gekümmert und nicht verlangt, dass sie vorher einen tadellosen Lebenslauf vorweisen oder das Glaubensbekenntnis unterschreiben. Und er hat den Leuten gesagt: »Die Starken brauchen den Arzt nicht, aber die Kranken.« (Mt 9,11) Und er selbst hat es ganz normal gefunden, dass viele sich erst an ihn gewendet haben, wenn sie in Schwierigkeiten waren. Anscheinend ist das ziemlich normal.

Ich habe das alles jener kranken Frau erzählt. Ob sie später angefangen hat zu beten, das weiß ich nicht. Ob es ihr gutgetan hat, auch nicht. Aber sie hat gesagt: »Beten Sie für mich, bitte.« Das habe ich ihr versprochen. Und ich hatte das Gefühl, das hat sie irgendwie beruhigt. Vielleicht hat sie gemeint, es ist gut, wenn jemand Gott an sie erinnert.

Die Frau ist ein paar Wochen später gestorben. Weder ihr noch mein Gebet hat daran etwas geändert. Aber ich bin sicher: Gott ist für sie da, auch jetzt noch. Ich hoffe, das konnte sie spüren. Jetzt jedenfalls erfährt sie es.

Mensch bleiben

Manchmal trau ich mich nicht, eine Sache anzufangen. Etwa, wenn ein Fest organisiert werden soll. Wenn im Beruf ein neues Projekt aufs Gleis gesetzt werden soll. Wenn ich eigentlich Lust hätte, mich ehrenamtlich zu engagieren. Dann hält mich irgendetwas zurück.

Nicht, dass ich es mir nicht zutrauen würde. Eigentlich fühle ich mich gut dafür gerüstet und qualifiziert. Ich finde auch wichtig, dass die Sache in Gang kommt. Es muss sich ja jemand darum kümmern und Verantwortung übernehmen und es würde mir Spaß machen.

Aber vermutlich gerät man auch ganz schön unter Druck, wenn man erstmal damit angefangen hat. Dieser Gedanke hält mich zurück. Wie, wenn es nicht klappt, wenn die Sache floppt? Es kann immer was schiefgehen. Jeder macht mal einen Fehler. Das kann ja passieren. Was aber, wenn es mir passiert, bei so einer wichtigen Sache? Wie oft zeigen sich Hindernisse, mit denen man vorher gar nicht rechnen konnte.

Wie stehe ich dann da! Wie groß wäre die Enttäuschung bei denen, die auf mich gesetzt haben. Ich würde mir schwere Vorwürfe machen. Jetzt hab' ich es vergeigt! Hätte ich mich bloß nicht auf diese Sache eingelassen. Hätte ich bloß nicht angefangen damit. Solche Befürchtungen können einen ganz schön unter Druck setzen. Da vergeht einem die Lust, anzufangen.

Aber wer so denkt, der hält sich im Grunde für allmächtig. Wer so denkt, der glaubt, dass er eigentlich alles kann, wenn er bloß alles richtig macht und sich genügend anstrengt. Wer so denkt, hält sich für den lieben Gott.

Das lerne ich von Martin Luther. Er hat das bei seinem Freund und Mitstreiter Philipp Melanchthon beobachtet. Der hat anscheinend oft gemeint, er müsse ganz allein die Dinge angehen und sei verantwortlich dafür, dass alles gut geht. Damit hat er sich dann aber manchmal übernommen und ist in Selbstzweifel, Ängste und Depressionen gestürzt. Melanchthon müsse aufhören, der Leiter der Welt werden zu wollen, meint deshalb Luther und schreibt an seinen Freund Spalatin, er möge mit Melanchthon reden, »dass er nicht Gott werde, sondern dass er wider die eingeborene und uns vom Teufel im Paradies eingepflanzte Begierde streite, wie Gott sein zu wollen. Denn sie ist uns nicht gut. Sie hat Adam aus dem Paradies geworfen und sie (und nichts anderes) wird uns auch hinausstoßen und uns des Friedens berauben.

Wir sollen Menschen und nicht Gott sein.
Das ist die summa.

Es wird doch nicht anders, oder ewige Unruhe und Herzeleid ist unser Lohn.«[49]

Gott ist es, der am Ende seinen Segen gibt und dafür sorgt, dass die Dinge nach seinem Willen gehen. Luther erinnert daran, wie Gott sich nach der Bibel dem Mose vorgestellt hat, als der eine sehr schwierige Aufgabe übernehmen sollte: »Ich werde sein, der ich sein werde.« (Ex 3,14) So hat Luther den Namen Gottes in seiner Bibelübersetzung übersetzt. Man könnte auch sagen: »Ich werde da sein.« Darauf, meint Luther wohl, kann und soll sich ein Mensch verlassen, wenn er eine Aufgabe angeht. Am Ende liegt es in Gottes Hand, ob eine Unternehmung gelingt. Er kann mir Kraft geben und mir Unterstützer schicken. Er kann mich trösten, wenn es nicht so geht, wie ich gehofft habe, und mir neue, bessere Wege zeigen. Dann kann ich tun, was mir möglich ist. Und wenn es nicht so geht, wie ich erwartet habe, kann ich getrost sagen: Gott hat es anders gewollt.

Ich finde, das entlastet. So fällt es mir leichter, eine große Sache anzufangen.

Liebenswert

Wie fängt die Liebe an? In der Regel, wenn ich jemanden treffe, der liebenswert ist. Eine schöne Frau, ein niedlicher kleiner Junge, ein süßes Mädchen, ein charmanter Mann: da entzündet sich die Liebe. Manchmal auf den ersten Blick, manchmal auch erst mit der Zeit. Manchmal muss man erst entdecken, was an einem anderen liebens-wert ist. Leider haben viele nicht die Geduld, die man dazu braucht. Das ist nicht mein Typ, sagt man dann vielleicht, und es wird nichts mit der Liebe.

Und wenn man sich nun selber nicht schön und liebenswert findet? Muss man dann die Aussicht aufgeben, geliebt zu werden? Manche Menschen versuchen alles, um liebenswert zu erscheinen, möglichst gleich auf den ersten Blick. Frauen versuchen es mit Kosmetik und Kleidern, mit Diäten und Operationen. Männer zeigen, wie wohlhabend sie sind, »mein Auto, mein Haus, meine Yacht«, und hoffen auf Bewunderung, viele sicher auch auf Liebe. Aber die Jagd nach Anerkennung und Liebe wird dann leicht zum Krampf. Die Menschen wirken angestrengt und bemüht und oft auch unzufrieden. Denn je mehr ich mich ins Zeug lege, liebenswert zu sein, desto mehr macht mich das auch unsicher: Ist es jetzt wirklich gut so? Bin ich gut so? Oder muss ich noch mehr tun?

Aber: Stimmt eigentlich die Voraussetzung? Werden wirklich nur die geliebt, die liebenswert sind? Martin Luther hat das anders gesehen. Bei Gott jedenfalls ist das anders, hat er behauptet:

> *»Die Liebe Gottes findet nicht vor,*
> *sondern schafft sich, was sie liebt.*
> *Die Liebe des Menschen entsteht nur*
> *an dem, was sie liebenswert findet.«*[50]

Für Luther hat Jesus Christus das gezeigt. Er ist da zur Welt gekommen, wo sie gar nicht schön und liebenswert war und wo auch die Menschen eher rau und ungehobelt waren, weil sie sehen mussten, wie sie sich und ihre Familien durchbringen konnten. Solche Menschen haben Gottes Liebe gespürt, als Jesus unter ihnen zur Welt kam. Und ich glaube, das hat die Menschen verändert. Schon bei seiner Geburt wird das erzählt: die Hirten, die sicher keine besonders frommen Leute waren und wahrscheinlich ziemlich unbeliebt bei den sesshaften Bauern und Händlern, die preisen und loben Gott. Weise Männer kommen von weit her und suchen nach etwas, das sie noch nicht kennen.

Später, als Jesus erwachsen ist, wendet er sich denen zu, die sonst keiner mochte. Mir fällt der kleine Zöllner Zachäus ein, der ein Betrüger war und nur an sich gedacht hat. Jesus wird sein Gast: Und das verändert den Zachäus. Auf einmal kann er zurückgeben, was er von anderen erpresst hat. Er begreift anscheinend: Mit meinem Wohlstand kann ich Ansehen und Liebe nicht kaufen. Ich stelle mir vor, wie ihn die Menschen auf einmal ganz anders angesehen haben. Wahrscheinlich haben sie ihn irgendwie liebenswert gefunden.

Die Liebe Gottes schafft sich, was sie liebt. Nicht etwa, weil Gott blind ist und deshalb nicht sieht, was mit den Menschen los ist – so wie das Sprichwort sagt: »Liebe macht blind.« Nein, ganz im Gegenteil: Gottes Liebe ist nicht blind. Sie ist schöpferisch. Gottes Liebe verändert die, die sie liebt.

Es verändert mich, wenn ich weiß, dass einer mich liebt. Ich kann mich entspannen. Ich muss nicht mit großer Anstrengung versuchen, mich selbst liebenswert zu machen. Ich muss nicht immer nur für mich selber sorgen. Ich kann mich anderen liebevoll und barmherzig zuwenden. So wie Gott sich mir zuwendet. Und meine Erfahrung ist: So fängt die Liebe an.

Zuversicht

»Ich kann das nicht alles glauben, was in der Bibel steht: dass Gott die Welt in sieben Tagen geschaffen hat. Dass Maria eine Jungfrau war. Dass Petrus auf dem Wasser gehen konnte. Glauben – das ist nichts für mich. Ich halte mich an Tatsachen. Und wenn ich Hilfe brauche – dann helfe ich mir selbst.«

Ich kenne viele, die so reden. Ich finde das sehr ehrlich. Mir geht es ja in manchen Dingen genauso. Aber es klingt oft auch ein bisschen traurig, scheint mir. ›Ich kann das nicht glauben, deshalb wird Gott für mich wohl auch nicht da sein, wenn ich ihn mal brauchen sollte. Deshalb muss ich mir wohl selber helfen, wenn es darauf ankommt.‹ Das steckt auch darin, scheint mir.

Aber heißt glauben wirklich, alles für genauso geschehen halten, wie es in der Bibel steht?

Martin Luther hat anders beschrieben, was Glauben ist:

> *»Glaube ist eine lebendige, verwegene Zuversicht auf Gottes Gnade, so gewiss, dass er tausendmal dafür sterben würde. Und solche Zuversicht und Erkenntnis göttlicher Gnade macht fröhlich, trotzig, lustig gegen Gott und alle Kreaturen.«*[51]

Das schreibt er in seiner Vorrede zum Römerbrief. Zuversicht auf Gottes Gnade. Sich darauf verlassen, dass er helfen kann und für mich da sein wird. Das ist Glauben für Luther, gerade auch dann, wenn ich nicht alles richtig gemacht habe oder wenn ich nicht so glauben kann wie andere.

Ich denke daran, wie Jesus so einer Frau geholfen hat. Die hat auch nicht geglaubt, wie die frommen Leute damals. Die Bibel erzählt, dass eine kanaanäische Frau zu Jesus kam. Sie bat um Hilfe für ihre kranke Tochter. Und Jesus hat sie nicht zunächst einmal gefragt, was sie denn glaubt. Er hat nicht überlegt, ob das reicht, was sie glaubt. Das hätte auch keinen Sinn gehabt. Die Frau kam aus Kanaan. Da hatten sie damals einen ganz anderen Glauben als Jesus und seine jüdischen Freunde und Gefährten. Aber Jesus hat gehört, dass sie ihn um Hilfe bittet. Er hat gemerkt, dass sie zuversichtlich daran glaubt, dass er ihr helfen kann. Jesus spürt, dass die Frau ihm vertraut. Da sagt er: »Dein Glaube ist groß!« und die Tochter wird gesund. (Mt 15,21–28)

»Eine verwegene Zuversicht auf Gottes Gnade« – für mich heißt das: Auch wenn ich weiß, dass ich nicht vollkommen bin – nicht in meinem Glauben, nicht in meinem Handeln, nicht in meinem Denken, nicht in meinem Verhalten, kann ich trotzdem Gott um Hilfe bitten. Genau dann, wenn ich ihn brauche. Und er wird mir beistehen. Vielleicht wird kein Wunder geschehen. Aber er wird mich stark machen, das durchzustehen, was mir zu schwer scheint. Er wird mir Menschen schicken, die mir beistehen. Das macht mich fröhlich.

Vergnügt

Manchmal muss man so richtig ausgelassen fröhlich sein. Nicht nur in der Fasnacht oder wenn Deutschland Fußballweltmeister wird. Manche meinen ja, nur da könne man das, aufgeheitert und angefeuert vom Alkohol. Sonst gäbe es im Leben kaum einen Anlass, so richtig vergnügt zu sein.

Ich glaube das nicht. Vergnügt sein, ausgelassen und manchmal auch richtig albern und übermütig – das kann man auch sonst im Jahr. Die Oma mit dem Enkel. Alte Freundinnen. Männer, wenn sie vom Sport heimgehen. Wenn es Anlass gibt, ein Fest zu feiern, oder einfach weil Wochenende ist oder weil man Urlaub hat – es gibt genügend Anlässe, bei denen man von Herzen fröhlich sein kann.

Manche Christenmenschen sind da einfach zu vorsichtig und meinen, in der ausgelassenen Fröhlichkeit lauern Gefahren. Allzu leicht könnte man über die Stränge schlagen und sich hinreißen lassen zu Verhaltensweisen, die einem nachher leidtun. Deshalb halten sie sich möglichst raus, wenn andere feiern, und werden dann leicht ein bisschen verdrießlich und gönnen auch anderen nicht die ausgelassene Lebensfreude.

Solchen Miesepetern hätte Martin Luther gesagt: Man kann und darf nicht nur ausgelassen sein, man sollte es sogar – jedenfalls immer wieder einmal. Die Seele braucht solche übermütige Freude als Heilmittel gegen schwermütige Gedanken und schlechte Laune, die einem das Leben schwer machen. Einem Fürstensohn hat er einmal geschrieben: »Es ist ja doch die Einsamkeit oder Schwermut für alle Menschen Gift und Tod, sonderlich für einen jungen Menschen.

So hat auch Gott geboten, dass man fröhlich vor ihm sein soll, er will kein trauriges Opfer haben ... Er will's so haben, ist darum da, und gibt darum uns seine Güter, sie zu gebrauchen, dass wir fröhlich sein sollen und ihn loben, lieben und danken immer und ewiglich.«[52]

Es ist wichtig, richtig ausgelassen vergnügte Tage zu erleben und gut festzuhalten. Damit die Freude am Leben erhalten bleibt oder wieder wächst, wenn sie verloren gegangen ist. Sogar der Apostel Paulus, den viele für ein bisschen humorlos halten, hat das gewusst. »Freut euch immerzu, weil ihr zum Herrn gehört!« (Phil 4,4), hat er den ersten Christen geraten. Seht nicht immer bloß auf die drohenden Gefahren, auch nicht auf die Sorgen, die euch zu schaffen macht. Erinnert euch an die vergnügten Stunden. Das gibt Kraft und Energie und hilft gegen die Mutlosigkeit. Paulus weiß: Wer sich am Leben freut, der kann zu anderen gut sein. Der kann anderen gut tun. »Alle Menschen sollen merken, wie gütig ihr seid!« So vervielfältigt sich die Lebensfreude, wenn Menschen gütig sind und vergnügt. Ganz offensichtlich hängt das miteinander zusammen – und macht froh und glücklich. Dann fällt es Menschen leichter, auf Gott zu vertrauen und ihn zu loben. An den Fasnachtstagen genauso wie im Spätsommer oder im Dezember. Ich finde, da hat Luther ganz recht.

Gönnen Sie sich was

»Und: Gönnen Sie sich was!« Immer am späten Nachmittag, wenn der Feierabend beginnt, beendet die Radiomoderatorin so ihre Sendung. Wen sie da wohl meint, frage ich mich manchmal. Gehört es nicht zu unserer Zeit, dass Menschen ihr Leben genießen wollen? Freiwillige Feuerwehr und Kirchenchor, Sportvereine und Bürgerinitiativen klagen darüber, dass zu viele in ihrer Freizeit nur noch feiern wollen. Und keine Lust mehr haben auf ehrenamtliche Arbeit und regelmäßige Verpflichtungen.

Aber es gibt auch die anderen. Leute, die von morgens bis abends ihre Pflicht tun. Im Beruf und in der Familie, am Abend im Verein oder auch immer noch beschäftigt mit beruflichen E-Mails und dem, was dringend noch fertig werden sollte. »Ich habe meine Pflichten«, hat mir eine Frau gesagt, »ich habe keine Zeit, mir was zu gönnen.«

Für manche wird diese Maxime dann auch zum Maßstab, nach dem sie andere beurteilen. Die sind nicht pflichtbewusst genug und nicht zuverlässig, denken sie über die anderen, die sich mal was gönnen. Den ganz jungen Leuten sieht man das vielleicht nach. Aber für Erwachsene scheint es ein gutes Zeichen, wenn sie von morgens bis abends beschäftigt sind. Oder wenigstens am Abend so erschöpft, dass sie nur noch ermattet vor dem Fernseher sitzen können. Bloß: Auf diese Weise verlieren viele die Freude am Leben.

Keine Wunder, dass die Radiomoderatorin rät: Gönnen Sie sich was! Auch wenn sie es vermutlich selbst nicht weiß, mit diesem Rat geht sie im Grunde auf Luthers

Spuren. Der hat einem Fürsten, der auch keine rechte Freude mehr am Leben hatte, geschrieben:

> »Es gibt doch jetzt, Gott Lob, so viel Erkenntnis, dass wir mit gutem Gewissen fröhlich sein können und mit Danksagung seine Gaben gebrauchen, dazu hat er sie geschaffen und hat Wohlgefallen daran ... Eure Fürstliche Gnaden seien nur immer fröhlich, beides: inwendig und auswendig in seinen Gaben und Gütern.«[53]

Gott hat seine Geschöpfe mit allerlei Gaben beschenkt, damit sie fröhlich sein können. Ich finde, das ist ein wunderbarer Gedanke. Gott hat mir mein Leben geschenkt, die Sonnenuntergänge, das frische Wasser im Baggersee, süße Früchte, die Wochenenden, die Freunde, mit denen ich sie verbringen kann. Mein Talent, mit dem ich mir und anderen eine Freude machen kann: malen oder Marmelade kochen, Gedichte oder Musik machen, tanzen oder auf Reisen Neues entdecken. Das alles hat Gott mir geschenkt, damit ich das Leben genießen und fröhlich sein kann.

Wer nicht genießt, wird ungenießbar, singt ein Liedermacher aus unserer Zeit. Ich glaube, genauso hat Luther das gemeint: nur wer sein Leben genießt, kann eine positive Ausstrahlung auf andere haben. Wer mit saurer Miene und schlechter Laune zeigt, wie schwer er es hat und wie ihn die Pflicht drückt, der macht sich und anderen das Leben schwer. Aber wer sich was gönnen kann – der kann auch anderen gönnen, dass sie ihr Leben genießen. Der gewinnt Kraft und gute Laune, um anzupacken, wo es nötig ist. Deshalb ist es so wichtig, sich ab und zu was zu gönnen. Ohne schlechtes Gewissen. Dann macht das Leben wieder mehr Freude – und die Pflichten auch.

Sich bekreuzigen

Manche Fußballspieler bekreuzigen sich. Vor dem Spiel oder nachdem sie ein Tor geschossen haben, machen sie ein Kreuz auf sich, das Zeichen für den Gott, an den wir Christen glauben. Gott soll bei mir sein, sagen sie sich und anderen damit. Oder nachdem sie ein Tor geschossen haben: Da war Gott bei mir mit seiner Hilfe. Mit seinem Segen, kann man wohl auch sagen.

Sie machen ein Kreuz auf sich, bezeichnen sich mit dem Kreuz. Bezeichnen heißt auf lateinisch signare. Davon kommt unser Wort segnen. Man könnte also wohl auch sagen: wer sich bekreuzigt, legt den Segen Gottes auf sich. Auf sich selber oder auf andere. Man kann auch andere mit einem Kreuz segnen: mit dem Finger auf der Stirn zum Beispiel. Gott ist mit seinem Segen bei dir, heißt das dann, vertrau darauf und geh zuversichtlich in das hinein, was vor dir liegt.

Dahinter steckt die Erfahrung, dass Erfolg nicht garantiert ist, auch wenn ich mir noch so viel Mühe gebe. Nicht beim Fußball und auch sonst nicht im Leben. Man kann noch so effizient trainieren, noch so angestrengt lernen: Wenn man dann einen schlechten Tag hat oder der andere besser ist, gewinnt man eben nicht und die Klassenarbeit geht daneben. Pech – im Spiel und manchmal leider auch im Leben. Deshalb ist manchen Menschen der Segen Gottes so wichtig, dass sie sich bekreuzigen. Gott kann machen, dass etwas wächst und gedeiht. Er kann dem Kraft geben und Ausdauer, den alle für einen Verlierer halten. An Gottes Segen ist alles gelegen, haben sich die Leute früher über die Haustür geschrieben.

Und wenn die Mannschaft dann doch verliert, wenn es schiefgeht? Es gibt immer Gewinner und Verlierer, beim Fußball und sonst im Leben auch. Ich glaube, deshalb ist er erst recht wichtig, der Segen Gottes. Wer sich mit dem Kreuz bezeichnet, der erinnert sich an Gott, der einem Gekreuzigten nah war und ihm neues Leben gegeben hat. Gott, an den wir uns mit dem Kreuz erinnern, lässt die scheinbaren Verlierer nicht im Stich. Er kann helfen, mit der Niederlage fertigzuwerden. Ich muss mich nicht für einen Versager halten. Mit Gottes Hilfe kann ich wieder aufstehen. Nach dem Spiel ist vor dem Spiel.

Sich zu bekreuzigen ist übrigens nicht nur eine katholische Sitte. Martin Luther hat auch evangelischen Menschen empfohlen, sich morgens und abends mit dem Kreuz zu bezeichnen.

Des Morgens, wenn du aufstehst,
kannst du dich segnen mit dem Zeichen
des heiligen Kreuzes und sagen:
Das walte Gott Vater, Sohn
und Heiliger Geist![54]

Heute könnte man vielleicht eher sagen: »Gott möge mich auch diesen Tag führen und begleiten.« Oder noch einfacher: »Gott helfe mir!«

Ich glaube: So kann man leichter auf Gottes Beistand und Segen vertrauen, wenn man gewinnt. Und wenn man verliert – erst recht.

Standpunkte

Es gibt Leute, die wissen genau, was richtig ist und was falsch. Die haben ihre Grundsätze, sagen sie. Die wissen von vornherein, was man denken muss und glauben, was man sagen darf und was nicht und wie man sich verhalten sollte. Das sind Leute, die haben Prinzipien. Da kann man keine Ausnahmen machen, sagen sie.

Martin Luther war da anders, scheint mir. Denn Luther hatte Lebenserfahrung. Er wusste, dass sich das Leben verändert. Und Menschen auch. Er wusste, dass ein Kind anders denkt und glaubt und redet als ein junger Mann und eine alte Frau anders als eine junge Mutter. Und da ist nicht das eine falsch und das andere richtig.

Luther hat gesagt:

> *»Das Leben ist nicht ein Frommsein, sondern ein Frommwerden«, nicht eine Gesundheit, sondern ein Gesundwerden, nicht ein Sein, sondern ein Werden, nicht eine Ruhe, sondern eine Übung. ... Es ist nicht das Ende, aber es ist der Weg. Es glüht und glänzt noch nicht alles, es reinigt sich aber alles.«*[55]

Luther selbst war ein gehorsamer Sohn seiner Kirche, ein überaus pflichtbewusster und eifriger Mönch. Er hat gehofft, wenn er alle seine religiösen Pflichten erfüllt und sich bemüht, keine Fehler zu machen, dann wäre Gott ihm gnädig und er müsste sich keine Sorgen mehr um sein Seelenheil machen. Aber er hat seine Unruhe nicht loswerden können. Und bei den Menschen um ihn herum hat er gesehen: Die Unsicherheit quält sie. Sie finden keinen Frieden. Im Gegenteil – je mehr ihr Pflichtbewusstsein ausgeprägt war, desto mehr wurden sie unsicher und zugleich hartherzig gegen sich selbst und gegen andere. Dann hat der Mönch Martin auf einmal begriffen: Nein, so geht es nicht. Gott verlangt nicht ein beispielhaftes Leben, für das es dann zum Lohn Heil und Segen gibt. Gott schenkt seinen Menschen das Leben. Gutes, erfülltes, heiles Leben. Dafür ist er in Jesus Christus zur Welt gekommen.

Luther hat selbst erlebt: Was heute richtig ist, kann morgen falsch sein, weil sich das Leben verändert und die Erfahrungen, die Menschen machen, auch. Der Glaube soll helfen, zuversichtlich zu leben. Aber weil das Leben sich entwickelt und verändert, deshalb ist der christliche Glaube keine Standpunkt-Religion. Der Glaube ist eine Weg-Religion. Die Menschen, von denen die Bibel erzählt, die sind in ihrem Leben unterwegs und Gott geht den Weg mit ihnen.

Ob es denn dann gar keinen Maßstab gibt für richtig und falsch? Bleibt alles ungewiss und veränderlich? Luther hat einen Maßstab gehabt. »Was Christus lehrt« – hat er in seiner Vorrede zum Neuen Testament geschrieben. Was Christus lehrt – darauf kommt es an. Was genau das dann heißt in den verschiedenen Situationen und Erfahrungen des Lebens, das muss man immer neu herausfinden. Am besten geht das, wenn man mit anderen zusammen darüber redet und nachdenkt.

Preissteigerungen

Die Wohnungsmieten sind in vielen Orten kaum noch bezahlbar, wenn man durchschnittlich verdient. Meine Kollegin sagt: Ich arbeite halbtags, obwohl ich eigentlich gern noch ein paar Jahre bei den Kindern geblieben wäre. Aber so verdiene ich wenigstens die Miete. Dann reicht das, was mein Mann verdient, für den Rest. Aber wo man nicht zu zweit einigermaßen gut verdient, da wird es schwierig. Vor allem in manchen Großstädten finden Studenten, Alleinerziehende und Leute mit geringem Einkommen keine ordentliche Wohnung.

Was kann man tun gegen diese Wohnungsknappheit, die eigentlich gar keine ist, in meiner Stadt jedenfalls? Teure Wohnungen gibt es ja genug. Aber die können sich nur wenige leisten. Wie kann man dieses Problem lösen?

Der Markt wird das ganz von allein regeln, sagen manche. Wenn die Investoren genug für ihre Wohnungen bekommen, dann können sie auch mehr Wohnraum schaffen. Aber anscheinend klappt das nicht so richtig. Es wird vor allem immer mehr teurer Wohnraum gebaut. Nur so können die Investoren immer mehr Gewinn machen

Die Politik muss da eingreifen, sagen andere. Man braucht eine Mietpreisbremse, damit die Mieten nicht immer weiter steigen. Und der Staat muss günstigen Wohnungsbau bezuschussen.

Ich glaube, so hätte auch Martin Luther gedacht. Der ist richtiggehend zornig geworden, als um Ostern 1539 »eine plötzliche Teuerung und unversehens Hunger eingefallen ist« in Wittenberg, wo er mit seiner Familie gelebt hat. Viele Ursachen haben dazu geführt. Die Elbe führte Hochwasser, sodass die Mühle nicht mahlen konnte. Dörfer im Umland mussten aus Wittenberger Lagern mitversorgt werden. Aber eine andere Ursache ist für Luther noch viel gravierender: Anscheinend wurde Korn bewusst aus dem Markt genommen, zurückgehalten oder sogar aus der Stadt geschafft, um den Preis in die Höhe zu treiben. Heute nennen wir so etwas Nahrungsmittelspekulation. Die Reichen wurden reicher – und den Armen blieb nichts mehr zum Leben. Mit den Mietpreisen funktioniert es heute oft ganz ähnlich, finde ich.

Für Luther damals war klar: Gegen das Hochwasser kann man nichts tun, aber sehr wohl gegen die Spekulation. Deshalb sieht er seinen Landesherrn politisch in der Pflicht. In einem Brief fordert er ihn auf:

»Darum bitten wir alle, Eure Kurfürstliche Gnaden wollten sich gnädiglich erzeigen, nicht allein mit augenblicklicher Hilfe zur Linderung der Not, sondern auch mit Regierungsmaßnahmen, dass die vom Adel nicht das Korn allein aufkaufen und wegführen und so unverschämt wuchern, zum Verderben von Land und Leuten. Sind sie doch ohnehin reich genug.«[56]

Heute müssen wir nicht mehr irgendeine Fürstliche Gnaden bitten – heute haben wir gewählte Regierungen. Vielleicht bräuchte es bloß mehr Menschen, die so deutlich reden und bitten und fordern – und wählen – wie zum Beispiel damals Martin Luther. Ich glaube, sie hätten die Propheten der Bibel auf ihrer Seite. Jesaja zum Beispiel, der hat gesagt: »Weh denen, die ein Haus zum anderen bringen und einen Acker an den anderen rücken, bis kein Raum mehr da ist und sie allein das Land besitzen.«

Glaube und Toleranz

Über die Hälfte der Deutschen empfinden den Islam als Bedrohung. Das hat eine Befragung im Frühjahr 2014 ergeben.[57] Das kann eigentlich nur damit zusammenhängen, dass sie den Islam nicht kennen. Oder besser gesagt, dass sie die Muslime nicht kennen. Denn in Ostdeutschland, wo es kaum Muslime gibt, empfinden sogar fast 60 Prozent den Islam als Bedrohung.

Ich finde das erschreckend. Das ist ja wie eine Katze, die sich in den Schwanz beißt: Was man bedrohlich empfindet, will man nicht kennenlernen. Und wen man nicht kennt, den empfindet man als bedrohlich. Den hält man sich möglichst vom Leib. Kein Wunder ist es dann, wenn sich die Muslime ausgegrenzt fühlen und keinen Zugang finden zu unserer Gesellschaft.

Was kann aber helfen, den Islam zu tolerieren und vor allem die Muslime unter uns? Ich finde die Religion, der christliche Glaube kann dabei helfen.

Das ist Unsinn, sagen Sie, Religionen machen doch erst recht intolerant? Glaube ich nicht.

Denn erstens ist anscheinend die Furcht vor den Muslimen da am größten, wo die wenigsten Menschen sich zum Glauben bekennen.

Zweitens sagt mir mein Glaube, dass alle Menschen Gottes Geschöpfe sind.

> *»Ich glaube, dass mich Gott geschaffen hat samt allen Kreaturen«*[58],

erklärt Martin Luther zum christlichen Glaubensbekenntnis. Also samt allen Tieren und Pflanzen und eben auch:

samt allen Menschen. Auch ein Muslim, eine Muslimin, auch ein Hindu und jeder Atheist ist von Gott geschaffen. Ob er das glaubt oder nicht. Das glauben jedenfalls wir Christen und respektieren deshalb unsere Mitgeschöpfe, jeden und jede nach seiner Art. Und weil wir uns für die Schöpfung verantwortlich fühlen, müssten wir uns ja eigentlich auch für die Muslime und alle Andersgläubigen verantwortlich fühlen: dass sie einen Platz finden, wo sie mit uns und neben uns zufrieden und gleichberechtigt leben können.

Und drittens glauben wir Christen, dass unser Glaube ein Geschenk ist. Auch das kann man von Martin Luther lernen:

»*Ich glaube, dass ich nicht aus eigener Vernunft noch Kraft an Jesus Christus ... glauben ... kann.*«[59]

So hat Luther die Sache mit dem Heiligen Geist erklärt. Gottes guter Geist macht, dass ich glauben kann. Zum Glauben kann man sich nicht einfach so entschließen. Das wissen die am besten, die sagen: Ich würde ja gern glauben und auf Gott vertrauen – aber ich kann nicht.

Gottes Geist macht, dass ein Mensch glauben kann. Und wenn der Glaube von Gott kommt – dann muss ich auch den Glauben der anderen achten. Oder wie sehen Sie das?

Zinsen

Zinsen können einen reich machen. Wenn man Geld hat und es geschickt anlegt, vermehrt es sich wie von selbst. Zinsen können einen aber auch arm machen. Wenn man kein Geld hat und ein Darlehen braucht. Dann ist die Rückzahlung der Zinsen eine schwere zusätzliche Last. Denn je weniger Geld man hat, desto höhere Zinsen werden für einen Kredit verlangt. So werden die reichen Kreditgeber reicher, und die Armen, die Kredit brauchen, brechen irgendwann zusammen unter der Schuldenlast. Zinsen machen die Reichen reicher und die Armen ärmer.

Im alten Israel waren Zinsen deshalb verboten. In den Gesetzestexten der Bibel heißt es: »Wenn du Geld verleihst an ... einen Armen neben Dir, so sollst du an ihm nicht wie ein Wucherer handeln, du sollst keinerlei Zinsen von ihm nehmen.« (Ex 22,24) Später hat der Koran diese Regelung übernommen.

Auch die Christen haben sich bis ins Mittelalter an das Zinsverbot gehalten und noch Martin Luther hat gegen die reichen Kaufleute und Geldverleiher gewettert. Luther schreibt:

> *»Sie sagen ich darf meine Ware so teuer geben, wie ich kann. Das halten sie für ein Recht, da ist dem Geiz der Raum gemacht und der Hölle alle Tür und Fenster aufgetan. Was ist das denn anders gesagt als so viel: Ich frage nichts nach meinem Nächsten? Hätte ich nur meinen Gewinn und Geiz voll, was geht michs an, dass es meinem Nächsten zehn Schaden auf einmal täte? ... Wird nicht daselbst des Armen Not ihm selbst zugleich mit verkauft?«*[60]

Deshalb war auch Luther für ein Zinsverbot: Die Reichen sollen nicht an der Armut der Armen verdienen.

Inzwischen haben sich die Verhältnisse geändert. Die Wirtschaft würde nicht laufen, wenn es nicht Kredite gäbe für neue Investitionen. Solche Geldgeschäfte haben wir an Banken und an die Börse übertragen. Da muss sich kein Einzelner mehr als Wucherer beschimpfen lassen. Und trotzdem kann man Geld verdienen mit seinem Geld, wenn man es geschickt anlegt. Das biblische Zinsverbot gilt ja schon lange nicht mehr. Ist es vielleicht wirklich überholt in unserer Zeit? Andererseits: Hohe Zinsen und Renditeerwartungen treiben auch heute so manches Unternehmen, ja sogar ganze Staaten in den Ruin.

Wie soll ich mich als Christin verhalten? Ich habe ja auch Geld auf meinem Sparkonto. Reich bin ich nicht, aber ein Notgroschen liegt da schon. Was kann ich tun, wenn ich nicht an Geldgeschäften beteiligt sein will, die manche in den Ruin treiben, damit andere reicher werden? Ich kann mein Geld doch nicht im Sparstrumpf oder unter der Matratze aufheben.

Eine Möglichkeit ist es, das Geld bei einer alternativen Bank anzulegen. Die spekulieren nicht auf Gewinn um jeden Preis und geben auch denen Kredit, die anderswo keine Chance hätten. Zugegeben: Man bekommt nicht viel Zinsen dort. Aber das macht mir nichts aus. Ich kann selber für mein Geld arbeiten. Gott sei Dank.

Krieg

»Der hat angefangen!« Wenn Kinder streiten, wenn einer zuschlägt und die andere haut zurück, dann ist das die Rechtfertigung: Der hat angefangen. Dann ist es ja klar, dass die andere zurückhauen muss. Auch die ganz Kleinen wissen anscheinend schon: Man kann sich schließlich nicht alles gefallen lassen. Ich muss dem anderen doch zeigen, dass er so nicht mit mir umspringen kann. Sonst hört das ja nie auf.

So gehen Kinder miteinander um. Die wissen es nicht besser. Und vielleicht lernen sie es auch von uns Erwachsenen. Denn in unseren Streitigkeiten und Auseinandersetzungen geht es ja nicht viel anders zu.

»Dem hab ichs jetzt aber gegeben, der wagt es nicht noch einmal, mir so zu kommen. Ich kann mir doch nicht alles gefallen lassen!« So geht ein Streit immer weiter, manchmal über Generationen. Und auch zwischen Nationen und Staaten geht es so. In den Wochen, in denen ich an den Beiträgen für dieses Buch gearbeitet habe, konnte man das beobachten: im Nahen Osten zwischen Israel und Palästina und in der Ukraine. Die haben angefangen, sagen alle, und zeigen auf die anderen und auch »Wir können uns das nicht länger gefallen lassen«. So fangen Kriege an. Und das schreckliche Ende ist unendliches Leid. Nicht bloß Soldaten verlieren ihre Gesundheit und ihr Leben, Zivilisten werden zu Flüchtlingen, Kinder verlieren ihre Heimat und wie oft auch ihr Leben. Nichts wird besser durch Krieg führen.

Was kann man tun für den Frieden?

Wahrscheinlich hat es keinen Sinn, zu fragen, wer hat angefangen. Das bringt den Frieden keinen Schritt näher: nicht zwischen den Völkern und nicht zwischen Kindern. Vielleicht müsste man fragen: »Wer hat denn den Mut, aufzuhören?« Waffenstillstand verkünden und dann auch wirklich einhalten? Damit man verhandeln kann und hoffentlich Frieden schließen?

Das ist dumm, sagen viele, die Gegner werden das ausnutzen. Sie werden das für Schwäche halten und versuchen, Vorteile daraus zu ziehen. Mag sein. Wer Frieden will, muss wohl bereit sein, etwas dafür einzusetzen. Für den Frieden muss man anscheinend bezahlen. Das wusste auch Martin Luther.

> »Den Frieden kauft man nie zu teuer,
> denn er bringt dem, der ihn kauft,
> großen Nutzen«[61],

hat er seinen Studenten gesagt. Ganz ernst hat er das gemeint:

> »Wer zwei Kühe hat, soll die eine drum geben,
> nur dass der Friede erhalten werde.
> Es ist besser, eine in gutem Frieden
> als zwei im Krieg zu besitzen.«[62]

Ich finde es schwer, mich damit abzufinden. Ich mag mir auch nicht gern etwas gefallen lassen. Ich sage auch gern: »Aber du hast angefangen!« Aber ich finde auch: Jesus hat wohl dasselbe gemeint, als er – noch viel radikaler – geraten hat: »Wenn dich einer auf die rechte Backe schlägt, dem biete die linke auch dar.« (Mt 5,39)

Mit der Bergpredigt kann man doch nicht Politik machen, sagen viele. Das hat Luther anscheinend auch so gesehen und gemeint: »Wenn die Leute rechtschaffen wären und Frieden hielten, wäre Kriegführen die größte Plage. Rechnest Du aber ein, dass ... die Leute nicht Frieden halten wollen, rauben, stehlen, töten, Weib und Kind schänden?

> **Solchem allgemeinen Unfrieden in aller Welt, vor dem kein Mensch bestehen könnte, muss der kleine Unfrieden, der da Krieg und Schwert heißt, steuern.«**[63]

Da ist Luther so pragmatisch, wie viele gerade auch in der Politik. Es mag sein, dass man manchmal so pragmatisch sein muss.

Aber vielleicht müsste man zunächst das andere versuchen? Etwas hergeben für den Frieden? Das Gefühl hergeben, im Recht zu sein? Aufhören mit dem Streit? Schon deshalb, weil Luther in einem sicher recht hat:

> **»Der Friede kann dir helfen, dass dir ein bissen trocken Brots wie Zucker schmeckt und ein Trunk Wasser wie Malvasier.«**[64]

Wochenende

Was für ein Freizeittyp sind Sie? In der Regel haben wir zwei Tage in der Woche ganz frei, am Samstag und am Sonntag. Wenn das nicht geht, dann bekommt man in der Regel einen Ausgleich an anderen Tagen.

Was für Pläne haben Sie dann?

Freuen Sie sich aufs Ausspannen, aufs Faulsein auf der Couch oder im Liegestuhl? Bloß nichts tun, was wie Arbeit aussieht, nicht im Garten, nicht im Haushalt, nicht im Verein. Das Wochenende wäre dann eine Ergänzung zu den Werktagen, notwendig, damit wir am nächsten Montag wieder gut funktionieren.

Oder brauchen Sie einen Ausgleich zu Ihrem Alltag in der Woche? Endlich die Gelegenheit, all das zu tun, was Sie wollen und nicht Ihr Chef oder die Chefin? Endlich Zeit für den Anbau, endlich Zeit zum Wäschewaschen und Marmeladekochen, endlich Zeit zum Abfeiern. Manche Schüler müssen sich dann am Montag erst mal vom Wochenende erholen.

Was für ein Freizeittyp sind Sie?

Dass wir überhaupt regelmäßig Freizeit haben, das verdanken wir dem Glauben von Juden und Christen. Das dritte der zehn Gebote heißt nämlich: »Du sollst den Feiertag heiligen.« Da soll alle Arbeit ruhen. Und in den Ausführungsbestimmungen steht, dass dann auch »Rind und Esel, Sklaven und Fremde« ausruhen dürfen (Ex 23,12), ausdrücklich sogar dann, wenn besonders viel zu tun ist, während der Aussaat und bei der Ernte (Ex 34,21).

Anscheinend wussten die Alten, dass man nur effektiv arbeiten kann, wenn man sich auch ausruht. Und das soll nach der Bibel für alle gelten. Für Herren und Knechte, für Einheimische und Fremde. So wie der Sonntag heute ja auch nicht nur für Menschen da ist, die in die Kirche gehen – sondern für alle. Alle brauchen Ruhe.

Die Bibel erzählt ja sogar: Mit der Ruhe fängt das Menschsein an! In der Schöpfungsgeschichte am Anfang der Bibel wird erzählt, dass Gott die Menschen macht und gleich danach den Ruhetag einsetzt. Das Menschsein fängt mit einem Ruhetag an, nicht gleich mit Pflichten und Aufgaben. Zuerst kommt der Tag, an dem sie das Leben genießen sollen.

Manche tun sich damit nicht so leicht. Es gibt so vieles, das noch fertig werden muss. Ist freie Zeit nicht irgendwie verlorene Zeit? Wenn man wichtige Aufgaben hat, dann fällt es einem nicht leicht, auch mal Pause zu machen. Und auch das ist anscheinend nicht nur ein Problem der Gegenwart. Luther hat seinem Freund Philipp Melanchthon geschrieben:

> *»Denn man dient Gott auch durch Nichtstun, ja, durch keine Sache mehr als durch Nichtstun. Deshalb nämlich hat er gewollt, dass vor anderen Dingen der Sabbat so streng gehalten werde. Sieh zu, dass du das nicht verachtest.«*[65]

So ähnlich habe ich es vor ein paar Wochen in der Sprache unserer Zeit gehört: »Der Sonntag ist zum Konsumieren da, nicht für die Arbeit. Aber auch nicht fürs Einkaufen«. Das ist nämlich nicht dasselbe. Konsumieren heißt: sich ernähren, etwas gebrauchen, um davon zu leben. Irgendwann muss man doch den neuen Tennisschläger ausprobieren oder das E-Bike und die Bücher lesen, die man gekauft hat. Irgendwann die guten Sachen kochen und vor allem essen, die man vom Markt mitgebracht hat.

Wir haben dafür heute sogar zwei Tage an jedem Wochenende. Egal ob Christ oder nicht.

Dann ist es fast immer möglich, einen ganz frei zu halten. Einen Tag, wo man nicht produktiv sein muss und effektiv. Einen Tag, wo man konsumieren kann, was das Leben einem schenkt. Ich freue mich immer wieder darauf.

Gottesdienst

Gottesdienst? Was soll ich da? Ich kenne viele, die das fragen. Vom Sonntagsfrühstück mit der Familie habe ich mehr, sagen sie. Das verstehe ich gut.

Und ich bin froh, dass in vielen Kirchen inzwischen auch Gottesdienste um 11 stattfinden oder am Samstagabend oder Sonntagabend. Aber, zugegeben: auch da könnten mehr in den Gottesdienst kommen.

Bei vielen ist es nicht nur die Frage der Uhrzeit. Sie fragen: Was bringt mir das? Ich weiß doch schon, was da abgeht, die Pfarrer sagen immer dasselbe, schon seit Jahrhunderten. Da kommt mein Leben nicht vor.

Ich mache da andere Erfahrungen. Aus meinem Leben kommt vieles vor im Gottesdienst. Die Sorge um meine Kinder, die in der Welt unterwegs sind: Die kommt da vor. Wir singen vielleicht ein Lied: »Wo ich bin, hält Gott die Wacht, führt und schirmt mich Tag und Nacht«[66] – und meine Sorge wird leichter. Der Konflikt mit den Kollegen: Im Gottesdienst beten wir »vergib uns unsere Schuld, wie auch wir vergeben unsern Schuldigern« und ich erinnere mich: nie ist nur einer schuld. Vielleicht kann ich kommende Woche versuchen, neu anzufangen. Ohne »du hast doch schon immer« und ohne »das musste jetzt mal gesagt werden«.

Ich habe immer das Gefühl – im Gottesdienst, da redet einer mit mir. Vielleicht so, wie Martin Luther das mal bei der Einweihung einer Kirche gesagt hat: Im Gottesdienst soll nichts anderes geschehen, *»als dass unser lieber Herr mit uns rede durch sein Heiliges Wort, und wir wiederum mit ihm reden – durch Gebet und Lobgesang«*[67].

Im Gottesdienst redet Gott mit mir. Und ich kann ihm sagen, was ich auf dem Herzen habe. Manchmal mit den Liedern und Gebeten, die wir gemeinsam singen und sprechen. Manchmal ganz für mich allein, wenn es still ist oder wenn die Orgel spielt.

Und auch in der Predigt spricht Gott mit mir. Nicht, weil die Pfarrerin der liebe Gott wäre. Bestimmt nicht. Das will sie auch nicht sein. Aber wenn mich da plötzlich etwas anrührt, wenn ich aufhorche und spüre: da bin jetzt ich gemeint. Dann redet Gott mit mir.

Manchmal passiert das auch nicht. Dann bleibt die Predigt langweilig. Weil aus meinem Leben wirklich nichts darin vorkommt. Ab und zu denke ich dann: Vielleicht hätte der Pfarrer ein bisschen mehr an mich und die anderen denken können, als er seine Predigt vorbereitet hat. Aber manchmal liegt es auch an mir, dass ich meinen Kopf nicht richtig freikriege und nicht wirklich zuhören kann.

Aber auch dann gehe ich irgendwie anders aus dem Gottesdienst: Heiterer. Gelassener. Mit Gottes Segen. Vielleicht probieren Sie es mal?

Ostern

An Ostern feiern wir Christen die Auferstehung. Mit dem Tod ist nicht alles aus, glauben wir. Gott schenkt neues Leben nach dem Tod. Wir bekennen in unserem Glaubensbekenntnis: Christus, der gelitten hat unter Pontius Pilatus, gekreuzigt wurde und gestorben ist, der ist »am dritten Tage auferstanden«. Und wir werden auch auferstehen. Genau wie er. Mit dem Tod ist nicht alles aus. Es kommt noch mehr. Noch mehr Leben in Gottes neuer Welt. Das glaube ich. Das hoffe ich.

Ob ich dafür Beweise habe? Nein, Beweise habe ich nicht. Niemand kann über die Grenze des Todes hinausschauen.

Angefangen hat dieser Glaube mit ein paar Menschen kurz nach Jesu Hinrichtung. Die haben ihn erlebt. Mitten in ihrem Alltag gespürt, dass er nicht einfach weg ist. Dass er bei ihnen ist. Manche haben gesagt, sie hätten ihn gesehen. Erkannt haben sie ihn zwar eigentlich nicht. Aber er hat mit ihnen gegessen. Er hat mit ihnen geredet. Und sie waren sicher: Er ist bei uns. Das waren seine Worte. So gut war das Leben mit ihm. Er lebt. Gott ist stärker als der Tod.

Das hat den ersten Christen damals Kraft gegeben, weiterzuleben. Nicht nur so irgendwie, »es muss ja weitergehen«. Sondern gern. Mit zunehmender Freude. Miteinander und füreinander.

Manchmal denke ich: das ist ja die eigentliche Auferstehung. Dass Menschen wieder leben können, die alles verloren haben. Richtig leben, nicht bloß irgendwie weiterexistieren.

Das kann man nicht aus eigener Kraft. Das geht nur, wenn die Liebe Gottes einen anrührt. Wenn Menschen mit einem reden, so wie damals mit den traurigen Freunden von Jesus. Dazu braucht man Menschen, die mit einem das Leben allmählich wieder entdecken. Essen, trinken, schöne Erfahrungen teilen. Dann kann man spüren: Das Leben ist nicht zu Ende. Gott schafft neues Leben, auch wenn man alles verloren hat.

Beweise dafür gibt es nicht. Aber Erfahrungen. Ich hoffe, solche Erfahrungen haben Sie auch schon gemacht.

Und mein eigenes Leben, wenn das zu Ende geht, irgendwann? Ich glaube, auch da wird das Leben nicht zu Ende sein. So wie das Leben von Jesus nicht zu Ende war. Obwohl er sogar selbst geglaubt hat, alles sei aus und sogar Gott hätte ihn verlassen.

Martin Luther hat ein schönes Bild dafür gefunden. Jesus Christus hat sich mit uns Menschen verbunden, sagt er. Wir Christen glauben: Er ist unser Haupt, wir seine Glieder. Und

»wo das Haupt bleibt, da muss der Leib auch hintennach, wie wir an allen Tieren sehen, wenn sie zu diesem Leben geboren werden«[68].

Ich finde, das ist eine schöne Vorstellung. Aber natürlich: es ist ein Bild. Zwar schreibt Luther:

Es *»zeigen uns diese Worte und Bilder doch fein die Kraft und den Nutzen«*.

Trotzdem: ein Beweis ist das nicht. Aber Hoffnung. Gott wird die Splitter und Bruchstücke meines Lebens zusammensetzen. So wie er den zerbrochenen und gebrochenen Gekreuzigten wieder heil gemacht hat. Und ich werde die wiedersehen, die mit mir gelebt haben. In Gottes neuer Welt. Heil und ganz. Beweise habe ich nicht. Aber diese Hoffnung. Und die hilft mir zu leben. Und hoffentlich auch beim Sterben. Das ist für mich wichtig. Nicht die Beweise.

Alles Heilige

An einem Tag im Jahr wird daran gedacht, wie alle Christen sein könnten: vorbildlich, engagiert und konsequent. Allerheiligen. Ein paar Namen fallen einem sofort ein: Elisabeth von Thüringen, die das Leben einer Fürstin aufgab und für die Armen und Bedürftigen sorgte. Martin, der Soldat, der seinen Mantel mit einem Bettler geteilt hat. Mutter Teresa fällt mir ein. Dietrich Bonhoeffer auch, der sterben musste, weil er sich traute, Widerstand zu leisten gegen die Nazi-Diktatur. Alles vorbildliche Christen. Alles Heilige.

In der katholischen Kirche wird an Allerheiligen in Gottesdiensten an sie gedacht. Und uns Evangelischen hat Martin Luther empfohlen, dass wir sie als Beispiel nehmen, diese besonders vorbildlichen Heiligen. Wir sollen

> »der Heiligen gedenken, damit wir unseren Glauben stärken, wenn wir sehen, wie ihnen Gnade widerfahren und wie ihnen durch den Glauben geholfen worden ist«[69].

Und wir sollen uns ein Beispiel nehmen an ihren guten Werken, jeder und jede in seinem bzw. ihrem Beruf, also jeder bei der Aufgabe, die er im Leben hat.

Das würde zweifellos keinem von uns anderen schaden – keinem von uns anderen Heiligen. Denn genau genommen dürfen alle Christen sich Heilige nennen. Paulus jedenfalls, der Apostel, der erste Theologe der Christenheit, hat das so gesehen. In seinen Briefen in der Bibel kann man das nachlesen. Die sind an die Heiligen adressiert: an die Heiligen in Rom zum Beispiel, in Korinth oder in Ephesus. Und damit hat er alle gemeint, die dort als Christen gelebt haben. Heilig heißt nämlich »die zu Gott gehören«.

Dazu muss man erst einmal gar nichts Besonderes leisten. Dazu muss man ›nur‹ an Gott glauben und auf ihn vertrauen. Wer das tut, wird sich dann auch an Gottes Geboten orientieren und versuchen, so zu leben, wie Jesus es vorgelebt und erklärt hat.

Ich glaube, dann wird sich zeigen: Die Welt wird überall da ein bisschen besser, wo Menschen sich damit Mühe geben und konsequent umsetzen, was sie glauben. Deshalb ist es wichtig, sich an die besonderen Heiligen zu erinnern, denen das besonders gut gelungen ist und deren Namen deshalb bekannt sind.

Ich zum Beispiel halte mich gern an Lucia. Schon im 4. Jahrhundert hat die junge Frau sich für die Armenpflege entschieden und es hat sich gezeigt: Man muss sich nicht mit der Dunkelheit in der Welt abfinden. Man kann es heller machen für die Leute, die im Dunkeln sitzen. Von dieser Aufgabe hat Lucia sich nicht abbringen lassen – und in Kauf genommen, dass das damals keiner verstanden hat. Anscheinend wollte man sie zwingen, ein angeblich normales Leben zu führen, so wie das alle Frauen zu ihrer Zeit getan haben. Aber Lucia hat sich nicht beirren lassen – und bis heute denken zum Beispiel die Menschen in Schweden am 13. Dezember ganz besonders an sie. Da gehen junge Mädchen mit Lichterkränzen herum und erinnern an sie. Vielleicht spüren sie dabei ja, wie gut es ist, wenn es solche Frauen gibt, die die Welt ein bisschen heller machen. Nicht nur mit Kerzen, sondern mit einem freundlichen Lächeln, mit geduldigen

Ermunterungen oder mit konkreter Hilfe für Leute, für die die Welt dunkel ist.

Man könnte es ein bisschen störrisch finden, was Lucia damals getan hat. Ich finde es prima. Ein schönes Vorbild, finde ich, für uns normal Heilige. Egal, ob wir katholisch sind oder evangelisch.

Jeden Morgen

»Ich möchte morgens im Radio etwas hören, was mir beim Leben und beim Sterben hilft. Dazu kommt so selten was im Geistlichen Wort«, hat mir eine Frau am Telefon gesagt. 85 Jahre alt sei sie. Ich habe überlegt, ob ich ihr sagen soll, dass das Geistliche Wort beim SWR seit über 15 Jahren »Anstöße« heißt oder »Morgengedanken«.

Aber die Frau hat längst weiter geredet: »Ich weiß, ich bin schon alt«, hat sie gesagt. »Aber die Jungen haben doch auch Angst vor dem Tod. Und vor dem Leben vielleicht mehr als ich. Denen würde das auch guttun.«

Da hat sie mich überzeugt. Und ich habe sie gut verstanden. Mir ist Martin Luther eingefallen, der hat in einer seiner berühmtesten Predigten gesagt:

> »Im Sterben muss jeder selbst die Hauptsachen, die einen Christen betreffen, gut kennen und gerüstet sein.«[70]

Aber was sollte ich nun sagen zur Angst vor dem Leben und vor dem Sterben, morgens um 6 oder um 7 im Radio, wenn alle geschäftig sind und unterwegs?

Mir ist eines meiner Lieblingslieder aus dem Gesangbuch eingefallen. Das ist zwar nicht von Martin Luther, aber von seinem Zeitgenossen Johannes Zwick (1496–1542). Es ist ein Morgenlied und die erste Strophe geht so: »All Morgen ist ganz frisch und neu des Herren Gnad' und große Treu'. Sie hat kein End' den langen Tag. Drauf jeder sich verlassen mag.«[71]

Das gibt mir Halt, wenn ich nicht weiß, wie es weitergehen soll. Dieses Lied macht mir Mut zum Leben. Denn es sagt mir mehr als »Heute ist ein neuer Tag«. Das stimmt auch und manchmal hilft das schon ein Stück weiter. Heute ist ein neuer Tag – da gibt es neue Begegnungen und neue Chancen und vielleicht lösen sich die Probleme, die mir gestern noch zu schaffen gemacht haben. Aber manchmal sind all die Sorgen ja auch einfach wieder da. Oder es kommen neue dazu. Dieses 500 Jahre alte Morgenlied sagt mehr, finde ich. Es sagt: Heute Morgen ist auch Gottes Gnade wieder neu. Gott fängt neu mit mir an. Ich muss nicht mit mir herumtragen, was ich gestern falsch gemacht habe. Er legt mich nicht darauf fest. Ich muss es auch nicht verstecken und nicht vertuschen. Ich kann jetzt neu anfangen. Aufrecht und selbstbewusst. In Ordnung bringen, was war. Ich kann es anders machen und hoffentlich besser. Und Gott wird mich nicht im Stich lassen. Seine Treue und Gnade ist jeden Morgen wieder neu.

Das hilft mir zum Leben. Und wenn ich sterben muss? Ich glaube, dass dann wieder ein Morgen kommt. In einem anderen Leben. Und auch dann wird Gottes Gnade wieder neu für mich da sein. Martin Luther hat in seinem »Sermon vom Sterben« erklärt, wie er sich das vorstellt, nämlich:

> *»Wie wenn ein Kind aus der kleinen Wohnung in seiner Mutter Leib mit Gefahr und Ängsten geboren wird in diesen weiten Himmel und Erde ... ebenso geht der Mensch durch die enge Pforte des Todes aus diesem Leben. Und obwohl der Himmel und die Welt, darin wir jetzt leben, als groß und weit angesehen werden, so ist doch alles gegen den zukünftigen Himmel so viel enger und kleiner, wie es der Mutter Leib gegen diesen Himmel ist.«*[72]

Ich glaube, unter diesem zukünftigen, weiten Himmel Gottes wird sicher noch mal zur Sprache kommen, was gewesen ist. Auch das, was ich nicht so gern hören will. Vielleicht werde ich mich für manches schämen müssen. Aber Gott wird die Tränen abwischen. Meine. Und die von den Menschen, denen ich Unrecht getan habe. Auch an diesem neuen Morgen unter seinem neuen, weiten Himmel ist seine Gnade neu. Und seine Treue auch. Damit kann ich gut leben. Und hoffentlich getrost sterben.

So ähnlich habe ich das dann im Radio gesagt. Ich hoffe, die alte Dame hat zugehört. Vielleicht kennt sie ja das Lied von der Gnade Gottes, die alle Morgen neu ist. Ich hoffe, das tröstet sie, so wie es mich tröstet.

Anmerkungen

1. Martin Luther, Großer Katechismus, Schlusswort; Bekenntnisschriften der Evangelisch Lutherischen Kirche, Göttingen 6. Auflage 1967, S. 660; s. auch: http://www.ekd.de/glauben/bekenntnisse/luthers_grosser_katechismus.html.

    In den folgenden Quellenangaben und Erläuterungen werden die Werke Martin Luthers jeweils ohne Angabe des Verfassers aufgeführt.

2. Kleiner Katechismus. Man findet den Kleinen Katechismus z. B. im Internet: http://www.ekd.de/glauben/bekenntnisse/kleiner_katechismus_5.html. Er ist auch im Evangelischen Gesangbuch für Württemberg abgedruckt ab S. 1485.

3. Heidelberger Disputation, 1518, WA 1, 362, 18f. (WA ist die Abkürzung für die »Weimaraner Ausgabe«, die Gesamtausgabe der Werke Martin Luthers).

4. Evangelisches Gesangbuch Nr. 24. Die im Hauptteil des Gesangbuchs abgedruckten Lieder von Nr. 1 bis 535 sind für den Bereich der EKD überall gleich. Ab Nr. 536 folgen die Regionalteile, die für die verschiedenen Gliedkirchen unterschiedlich sind.

5. Luthers Kleinen Katechismus findet man mit Ergänzungen von Johannes Brenz zu Taufe und Abendmahl im Evangelischen Gesangbuch für Württemberg ab Seite 1485.

6. Brief an Philipp Melanchthon, 29. Juni 1530, WAB 5, 405ff.

7. Kleiner Katechismus, s. o.

8. Brief an Jonas von Stockhausen, 27. November 1532, WAB 6, 386.

9. Predigt am Karfreitag 1533, WA 37, 21–23.

10. Eric-Emanuel Schmitt, Oskar und die Dame in Rosa, Zürich 2003, S. 63ff.

11. 2. Psalmenvorlesung, 1520, WA 5, 82, 6ff.

12. Ein kleiner Unterricht, was man in den Evangelien suchen und erwarten solle, 1522, WA 10, 1; I, 13.

13. Ein kleiner Unterricht, a. a. O.

14 Man findet die 95 Thesen, die auf lateinisch abgefasst sind, in der Weimaraner Gesamtausgabe der Werke Luthers, WA 1, 233ff.

15 Augsburger Bekenntnis (Confessio Augustana) Kap. VII, Von der Kirche, Bekenntnisschriften der evangelisch-lutherischen Kirche; 6. Auflage, Göttingen 1967, S. 61.
Das Augsburger Bekenntnis findet sich auch in den meisten Evangelischen Gesangbüchern; z. B. Evangelisches Gesangbuch für Württemberg, S. 1494ff. Es wurde in Zusammenarbeit mit Luther und mit seiner ausdrücklichen Billigung von Philipp Melanchthon formuliert. Dieses Bekenntnis legten die Anhänger der Reformation beim Reichstag in Augsburg 1530 als verbindliches Bekenntnis ihres Glaubens vor.

16 Aus einem Gespräch bei Tisch (Tischrede) im Juni oder Juli 1532, WA TR 3, 3232c.

17 Luther auf dem Reichstag zu Worms, 1521, WA 7, 838.

18 Sendbrief vom Dolmetschen, WA 30, 2, 632–646.

19 Man findet den Großen und den Kleinen Katechismus zum Beispiel auf der Homepage der EKD: https://www.ekd.de/glauben/bekenntnisse/luthers_grosser_katechismus.html; den Kleinen z. B. auch im Evangelischen Gesangbuch für Württemberg, S. 1485ff.

20 Vom Himmel hoch, Evangelisches Gesangbuch Nr. 25, Vers 2.

21 Vorrede zum Jakobus- und Judasbrief, 1522, WA DB 7, 384, 25–32.

22 Ein kleiner Unterricht, was man in den Evangelien suchen und erwarten solle, 1522, WA 10, 1; I, 1–18.

23 Vorrede zur Auslegung des 118. Psalms, 1530, WA 31, 1; 67, 24–27; orthografisch leicht modernisiert.

24 An die Ratsherren aller Städte deutschen Landes, dass sie christliche Schulen aufrichten und halten sollen; 1524, WA 15, 47.

25 Eine Predigt, dass man Kinder zur Schule halten soll, 1530, WA 30,2, 557.

26 WA 15, a. a. O.

27 Evangelisches Gesangbuch Nr. 319.

28 Brief an Ursula Schneidewein, Juni 1539, WAB 8, 453–455.

29 Brief an Kurfürst Johann, 1532, WAB 6, 277.

30 Brief an Hieronymus Weller, Luther Deutsch, Bd. 10, Briefe, 2. Auflage 1983, S. 215.

31 Wie ein Hausvater sein Gesinde soll lehren, morgens und abends sich segnen, Anhang zum Kleinen Katechismus, Bekenntnisschriften der evangelisch-lutherischen Kirche, Göttingen, 6. Auflage 1967, S. 521f.

32 Predigt in der Osternacht 1532, WA 36, 159–164.

33 Brief an Johann Rühel, 1525, Luther Deutsch, Bd. 10, 2. Auflage 1983, S. 151.

34 Dass Jesus Christus ein geborener Jude sei, 1523, WA 11, 315.

35 Von den Juden und ihren Lügen, 1543, WA 53, 417–552.

36 Von weltlicher Obrigkeit, wie weit man ihr Gehorsam schuldig sei, mit Verweis auf Apg 5,29.

37 Evangelisches Gesangbuch Nr. 362.

38 Von weltlicher Obrigkeit, wie weit man ihr Gehorsam schuldig sei, 1523. WA 11, 246–280, mit Verweis auf Apg 5,29.

39 Vom Missbrauch der Messen, 1521, WA 8, 482–483.

40 Vorrede zur Galaterbrief-Vorlesung, 1535, WA 40, 1; 33, 7–11.

41 Kleiner Katechismus, vgl. Evangelisches Gesangbuch für Württemberg ab S. 1485.

42 Kleiner Katechismus, Erklärung zum 8. Gebot, a. a. O.

43 Brief an Jonas von Stockhausen, 1532, WAB 6, 386.

44 Aus demselben Brief an Jonas von Stockhausen.

45 Vgl. Uwe Wolff, Martin Luther. Ein Brevier, Gütersloh 2013, 11. Januar.

46 Weihnachtspredigt 1527, WA 17, 2; 319, 14–17.

47 Kleiner Katechismus, Erklärung zum 5. Hauptstück »Vom Heiligen Abendmahl«, vgl. http://www.ekd.de/glauben/bekenntnisse/kleiner_katechismus_5.html.
Im Evangelischen Gesangbuch für Württemberg findet sich auf S. 1492f. die Erklärung zum Abendmahl von Johannes Brenz.

48 Von den guten Werken, 1520, WA 6, 236f.

49 Brief an Luthers Lehrer und Beichtvater Spalatin während des Reichstags in Augsburg, 1530, WA Br 5, 414, 34.

50 Heidelberger Disputation, 1518, These 27; WA 1, 354, 35f.

51 Vorrede zum Römerbrief, zitiert nach Martin Luther, Ausgewählte Werke, 3. Auflage 1968, S. 89f.

52 Brief an Fürst Joachim von Anhalt, 1534, WA Br 7, 111–112.

53 a. a. O.

54 Vor-Satz zu Luthers Morgen-Gebet, ursprünglich im Anhang zum Kleinen Katechismus, vgl. z. B. Evangelisches Gesangbuch für Württemberg, S. 1202.

55 Grund und Ursach aller Artikel D. M. Luthers, so durch römische Bulle unrechtlich verdammt sind, 1521, WA 7, 336, 31–36.

56 Brief an Kurfürst Johann Friedrich, 9. April 1539, WAB 8, 402.

57 Vgl. www.religionsmonitor.de

58 Kleiner Katechismus, Erklärung zum Glaubensbekenntnis, vgl. z. B. Evangelisches Gesangbuch für Württemberg, S. 1486.

59 Kleiner Katechismus, s. o., S. 1487.

60 Von Kaufhandlung und Wucher, 1524, WA 15, 294.

61 Psalmenvorlesung 1534/35, WA 40, 3, 496.

62 Genesis-Vorlesung 1535–1545, WA 44, 784.

63 Vgl. Ob Kriegsleute im seligen Stand sein können, 1526, WA 19, 623–662.

64 Auslegung des 82. Psalms, 1530, WA 31 I, 202, 8–19.

65 Brief an Philipp Melanchthon, 1530, WA Br 5, 317, 40.

66 Evangelisches Gesangbuch für Württemberg Nr. 408, Vers 3.

67 Predigt am 5. Oktober 1544 zur Einweihung der Schlosskirche in Torgau.

68 Predigt in der Osternacht 1532, WA 36, 159–164.

69 Augsburgisches Bekenntnis, Kap 21. Das Augsburgische Bekenntnis wurde 1530 mit Luthers Billigung als Bekenntnisschrift der Protestanten von Philipp Melanchthon verfasst,

s. Anm. 15. In Auszügen findet man es z. B. im Evangelischen Gesangbuch für Württemberg ab S. 1494.

70 1. Invokavit-Predigt, 1521, WA 10, 3; 1, 7.

71 Evangelisches Gesangbuch für Württemberg, Nr. 440, Vers 1.

72 Sermon vom Sterben, 1519, WA 2, 685–697.

Die Deutsche Bibliothek verzeichnet diese Publikation in der Deutschen Nationalbibliografie; detaillierte bibliografische Daten sind im Internet über http://dnb.ddb.de abrufbar.

© 2014, Verlag und Buchhandlung der
Evangelischen Gesellschaft GmbH, Stuttgart
Augustenstraße 124, 70197 Stuttgart, Telefon 07 11/60 10 00
Fax 6 01 00 76, www.verlag-eva.de

Alle Rechte vorbehalten.

Gestaltung und Satz: Cornelia Fritsch, Gerlingen
Lektorat: Isolde Bacher, text_dienst, Stuttgart
Druck: Druck- und Medienzentrum Gerlingen GmbH, Gerlingen
Titelfoto: Dieter Skubski, Stuttgart
ISBN 978-3-7918-8047-1